Ratgeber

Landschildkröten

Brian Pursall

Terrarienkundliche Vereinigungen und Zeitschriften in Deutschland:
Deutsche Gesellschaft für Herpetologie und Terrarienkunde (DGHT) e.V., Postfach 1421, Locher Str. 18,
53351 Rheinbach, Tel. 02255/6086
Mitglieder erhalten die Zeitschriften „Salamandra" und „elaphe"
Weitere deutschsprachige Zeitschriften:
„herpetofauna", herpetofauna-Verlags-GmbH, Postfach 1110, 71365 Weinstadt
„Saurier", Terrariengemeinschaft Berlin e.V., Barbara Buhle, Planetenstr. 55, 12057 Berlin

ISBN 3-927 997-50-1

INHALT

INHALT

EINFÜHRUNG

In den Jahren 1946 bis 1984 wurden jährlich etwa 150.000 Landschildkröten aus dem Mittelmeerraum nach Großbritannien importiert. Andere Länder Nordeuropas führten ähnlich hohe Stückzahlen ein. Mathematisch gesehen ergibt sich daraus eine Gesamtmenge von schätzungsweise 6 Millionen Tieren in Großbritannien und weiteren 20 Millionen in Nordeuropa. Die drei Engländer M.R.K. Lambert, P.W.P. Collins und K. Lawrence, sowie die Herren Blatt und Müller aus Deutschland, haben zusammen mit vielen anderen umfangreiche Untersuchungen unternommen, um die Anzahl der Tiere zu ermitteln, die dies überlebt haben. Das grundlegende Ergebnis dieser Arbeiten ist erschütternd:

1) Durchschnittlich 80% der Landschildkröten verstarben während des Transportes oder innerhalb des darauffolgenden Jahres.

2) Obwohl einige Exemplare recht lange lebten, liegt ihre durchschnittliche Lebenserwartung in Nordeuropa unter drei Jahren.

3) In Nordeuropa geschlüpfte Jungtiere erreichen kaum das dritte Lebensjahr.

Dieses Buch versucht, das Warum zu klären. Es ist für alle Landschildkrötenbesitzer in Nordeuropa gedacht, weshalb auf eine wissenschaftliche Ausdrucksweise weitgehend verzichtet wurde. Der Verfasser legt Versuchsergebnisse und daraus resultierende Theorien dar, wobei nicht alle Informationsquellen mit vollständigen Referenzangaben versehen sind. Der Verfasser hofft, daß die Experten unter den Lesern die vereinfachte Darstellung der wissenschaftlichen Angaben verzeihen und Verständnis für seine Beweggründe haben werden.

Der Großteil der experimentellen Arbeit wurde auf einer sehr weiten Ebene betrieben, um ein möglichst umfassendes Bild der auf Überleben ausgerichteten Strategien dieser Tiere bieten zu können. Hieraus können für den Pfleger wichtige Informationen für eine dauerhaft erfolgreiche Haltung und Zucht abgeleitet werden.

Gerade in den letzten fünf Jahren wurden große Fortschritte in der Landschildkrötenhaltung gemacht. Der Verfasser ist sich deshalb bewußt, daß viele Angaben in diesem Buch stark von denen in älteren Publikationen abweichen, und daß wahrscheinlich auch einige seiner Daten in wenigen Jahren durch die Weiterentwicklung überholt sein werden. Das noch zur Verfügung stehende Betätigungsfeld für detaillierte Forschungen auf diesem Gebiet ist in jeder Hinsicht enorm.

Ungeachtet dieser Tatsache kann der Verfasser zumindest garantieren, daß jeder Landschildkrötenpfleger, der von früheren Haltungsmethoden auf die hier empfohlenen übergeht, eine deutlich positive Veränderung des Gesundheitszustandes, der Lebenserwartung, der Aktivität und des allgemeinen Erscheinungsbildes seiner Pfleglinge erfahren wird. Dieser großen Herausforderung habe ich mich gestellt.

Widmung

Dieses Buch ist den folgenden Landschildkröten gewidmet, die ihr Leben für das in diesen Seiten enthaltene Wissen gelassen haben.

Philip, ein *Testudo hermanni*-Männchen, das im April 1979 an Magersucht verstarb. Sein Tod machte dem Verfasser deutlich, daß die seinerzeit verfügbare terraristische Literatur unzureichend und die generellen tierärztlichen Ratschläge und Pflegehinweise bei weitem nicht optimal waren. Sein Ableben war der erste Anstoß für eine zehnjährige Forschung darüber, wie man Landschildkröten gesund erhält.

Lilly, ein *Testudo graeca ibera*-Weibchen, verstarb im März 1987 an Legenot. Ihre Obduktion gab dem Verfasser einen Einblick in die Geheimnisse der Fortpflanzungsbiologie der Tiere und ihre tödlichen Gefahren.

Timmy, eine männliche *Testudo graeca terrestris*, starb nach einem Geißeltierchenbefall an Blutvergiftung. Sein Tod verdeutlichte die Entwicklung einer Krankheit sowie die Notwendigkeit rechtzeitiger, korrekter Diagnosen und einer fachgerechten Behandlung.

ZOOGEOGRAPHIE UND ENTWICKLUNG

Es gibt eine Vielzahl von Faktoren, die die Verbreitung von Landschildkröten in der Natur beeinflussen. Die wichtigsten davon sind die Umgebungstemperaturen, Sonnenscheindauer, die Verfügbarkeit von Kalziumkarbonat, das richtige Futterangebot und der menschliche Einfluß. Faktoren von geringerer Bedeutung sind Höhenlage, Freßfeinde und Konkurrenten um das Territorium.

Lufttemperatur

Die Lufttemperatur ist für Landschildkröten aus tropischen Regenwaldgebieten von lebenswichtiger Bedeutung, denn die Tages/Nacht- und Sommer/Winter-Werte liegen relativ gleichbleibend zwischen 26 und 30°C. Europäische Landschildkröten haben im Gegensatz dazu eine ganze Reihe von Strategien zum Überleben bei für sie ungeeigneten Temperaturen entwickelt. Bei Werten von -5 bis +5°C ist die Landschildkröte durchaus in der Lage, ihre während der Winterruhe lebenserhaltende Körpertemperatur von +5°C zu halten. Außerhalb der Winterruhe sind Lufttemperaturen zwischen 18 und 28°C geeignet, um die Körpertemperatur auf 30°C anzuheben. Über einen längeren Zeitraum höher oder niedriger liegende Werte, sowie solche zwischen den genannten, bereiten den Europäischen Landschildkröten Probleme. Das heißt, daß geographische Gebiete mit einer Januar/Juli Temperaturspanne von 25 bis 35°C bevorzugt werden. Obwohl vermutlich jeder weiß, daß die Mittelmeersommer wärmer als die in England (durchschnittlich 15°C) sind, ist doch nicht jedem bekannt, daß es sich mit den Wintertemperaturen im

Testudo kleinmanni ist eine relativ kleinbleibende Schildkrötenart. Die Männchen erreichen nur eine Größe von 10 cm, während die Weibchen um zwei bis drei Zentimeter größer werden können. Foto R.D. Bartlett.

Inland der Mittelmeerländer genau andersherum verhält. Die Klimabedingungen für *Testudo graeca* und *Testudo hermanni* sind ähnlich denen in New York, Toledo und St. Louis. Beinahe englisches Klima findet man in den USA übrigens in Seattle.

Sonnenscheindauer

Europäische Landschildkröten nutzen Sonnenlicht in allen Phasen ihres Lebens direkt oder indirekt. Um überleben zu können, benötigen sie wenigstens 2.500 Sonnenstunden pro Jahr. In Europa und Nordafrika nimmt die Anzahl der Sonnenstunden von Süden nach Norden ab. Nördlich einer Sonnenscheindauer von 2.500 Stunden im Jahr können Landschildkröten nicht mehr existieren.

Kalzium

In der Zeit zwischen 340- und 40 Millionen Jahren vor unserer Zeit waren Europa und Nordafrika tropische Regenwälder, und das Gebiet dazwischen war ein großes tropisches Meer, welches als Tethys- Meer bezeichnet wird. Durch Korallen- und Algenwuchs verflachte dieses Meer zunehmend. Flache tropische Meere haben eine hohe Verdunstungsrate und werden demzufolge sehr salzig. Die normalerweise im Wasser gelösten Kalziumsalze unterliegen dadurch einer Ausfällung und lagern sich auf dem Grund ab. Über einen Zeitraum von 300 Millionen Jahren wurden diese Ablagerungen so zu einem mehrere hundert Meter dicken Kalksteinbett (Kalziumkarbonat), das ein riesiges Gebiet bedeckte.

Spätere Auffaltungen der Erdoberfläche verwandelten dieses Gebiet in das Atlasgebirge in Marokko und Algerien, die Dolomiten in Jugoslawien und das Kalksteinplateau der Türkei. Dieser Kalkstein deckt den Bedarf der Landschildkröten für das Wachstum von Knochen, Krallen, Hornplatten, Carapax und Plastron.

Es gibt jedoch auch noch andere kalziumreiche Gebiete in der Mittelmeer-Region. In Tunesien und Südwest-Asien sind es Binnenbecken, in denen Flüsse, die angefüllt mit im Hochland ausgewaschenem Kalk verdunsten und so reiche Kalziumlager entstehen lassen. Landschildkröten leben ausschließlich in kalziumreichen Gebieten. So zum Beispiel kommen in Portugal, wo zwar ein perfektes Klima herrscht, es aber keinen Kalkstein gibt, von Natur aus keine Landschildkröten vor.

Verfügbarkeit von Futter

Obwohl Landschildkröten in Gebieten mit nur sehr geringem Futterangebot existieren können, gibt es doch offensichtlich eine Minimumgrenze. Die Wüsten Arabiens, die Negev und die Sahara, markieren die südlichen Verbreitungsbegrenzungen von Landschildkröten. In den meisten Klimakarten wird die "unter 25 cm Regen"-Marke als Richtlinie für Wüsten verwendet. Europäische Landschildkröten können in Gebieten mit einer noch geringeren Niederschlagsmenge leben, möglicherweise sogar mit Werten von nur 12,5 cm im Jahr.

Menschlicher Einfluß

Der Mensch nutzt potentielle Landschildkrötenhabitate verstärkt für Städte und für die Landwirtschaft und läßt den Tieren generell nur karge Hochlandflächen. Ein dabei oft übersehener Effekt ist, daß die vom Menschen aus den Tälern vertriebenen Landschildkröten zu voneinander isolierten Hochlandpopulationen werden, woraus Inzucht resultiert.

Einige landwirtschaftliche Maßnahmen, insbesondere das Abbrennen von großen Flächen und der Gebrauch von chemischen Sprühmitteln, können erheblichen Schaden anrichten. In den vergangenen 50 Jahren wurden Europäische Landschildkröten für den Tierhandel gefangen und in ständig steigender Zahl nach Nordeuropa transportiert, bis 1977 die damalige Sowjetunion den Export von *Testudo horsfieldi* aus Rußland untersagte und 1984 die meisten Europäischen Landschildkrötenarten in das C.I.T.E.S-Abkommen aufgenommen wurden. Als dieses Buch entstand, wurden aber z.B. in Marokko immer noch Landschildkröten zur Herstelung von Reisesouvenirs getötet.

Generell haben Landschildkröten, ebenso wie die meisten anderen wilden Tiere, nur geringe Überlebenschancen, wenn sie in Kontakt mit dem Menschen kommen.

Höhenlage

Landschildkröten können oberhalb der Schneegrenze nicht existieren. Es gibt einige Bergketten, die eine wirksame Barriere für die Verbreitung von Schildkröten darstellen. Natürlich ist es nicht die Höhe, die sie aufhält, sondern die Tatsache, daß mit zunehmender Höhe die Lufttemperatur sinkt. Diese Barrieren sind dadurch ein maßgeblicher Faktor für die Artbildung bei Landschildkröten.

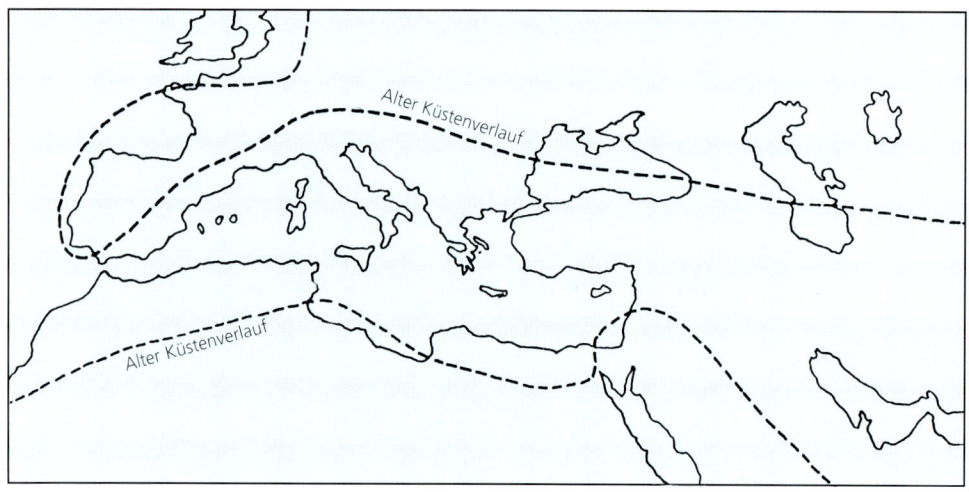

Hypothetische Karte des Tethys-Meeres. Das Tethys-Meer existierte vor 340 Millionen Jahren und durchlief während seines 300 Millionen Jahre dauernden Bestehens evolutionäre Veränderungen. Da Landschildkröten nur in kalziumreichen Gebieten leben, waren sie an die Millionen Jahre alten Kalziumablagerungen des verdunsteten Tethys-Meeres gebunden.

Freßfeinde

Ausgewachsene Landschildkröten haben eigentlich keine Freßfeinde, es sei denn den Menschen. Eier und Jungtiere können hingegen von Tieren wie z.B. Ratten erbeutet werden. Die Landschildkröte wirkt dem entgegen, indem sie etwa zwei bis drei Gelege von durchschnittlich jeweils 6 Eiern pro Jahr produziert. So werden diese Verluste akzeptabel.

Konkurrenten

Viele Tiere, darunter vor allem Kaninchen und Ziegen, konkurrieren mit den Landschildkröten um das Futterangebot. In unwirtlicheren Klimaten haben Säugetiere mit ihrem dichten Fell und eingebauter Heizung die Oberhand, aber während das Säugetier in Gebieten mit Wasser- und Futterknappheit verhungert, kann die Landschildkröte dort problemlos leben. Landschildkröten vergeuden kein Wasser durch Transpiration oder Urinieren und verschwenden kein Futter zur Erzeugung von Körperwärme.

Entstehung

Europäische Landschildkröten haben sich aus tropischen Vorfahren entwickelt, die ursprünglich in den nördlichen Randgebieten tropischer Wälder lebten. Das natürliche Schrumpfen dieser Regenwaldgebiete und die Entstehung und Ausweitung von Wüsten wie der Sahara haben sie schließlich in zwei Grundformen geteilt. Jüngere geologische Auswirkungen, speziell die Formation der Bergketten um das Mittelmeergebiet und das Fluten des Mittelmeerbeckens durch Erdoberflächenveränderungen, resultierten in voneinander räumlich getrennten Landschildkrötenpopulationen. Diese Einzelgruppen entwickelten dann allmählich unterschiedliche Merkmale; ein Prozeß, der als Artbildung bezeichnet wird. Sind diese Unterschiede so groß, daß eine Verbastardisierung zwischen den Populationen unmöglich wird, sind sie artspezifisch. Ist eine Kreuzung unter nur wenigen Populationen möglich, sind die Merkmale unterartspezifisch. Kommt es trotz deutlicher Unterscheidungsmerkmale regelmäßig zu Bastardzuchten, handelt es sich um Rassemerkmale.

Aufgrund der Fortpflanzungsbiologie von Landschildkröten ist die Klassifikation von Populationen nicht einfach. Das hat im Bezug auf die Namensgebung der zahlreichen Europäischen Landschildkrötengruppen zu einigen gegenteiligen Meinungen unter den Zoologen geführt. In diesem Buch wird die am landläufigsten anerkannte Taxonomie (Namensgebung) verwendet, jedoch es ist wichtig zu wissen, daß andere Autoren möglicherweise zur Beschreibung der selben Landschildkröte einen anderen Namen oder eine andere Namenskombination verwenden. Ebenso kann ein Verfasser ein Merkmal als artspezifisch ansehen, während ein anderer dieses nur als unterartspezifisch oder sogar als Rassemerkmal versteht.

ARTENBESTIMMUNG

Anatomie

Die obere Hälfte eines Landschildkrötenpanzers nennt man Carapax, die untere Plastron. Beide weisen deutliche Muster aus einzelnen Hornschildern auf. Das obere hintere Schild über dem Schwanz wird als Supracaudalschild bezeichnet. Einige Landschildkröten besitzen modifizierte Schuppen, die sich entweder auf der Rückseite ihrer Oberschenkel oder an den Fersen befinden und einen zusätzlichen Schutz gegen Möchtegern-Freßfeinde darstellen; man nennt sie Sporne. Der Schwanz kann in einer vergrößerten Schuppe enden. Ein schwaches, meist nur schwer sichtbares Gelenk teilt die vorderen und hinteren Schilder des Plastrons bei allen Arten, ausgenommen *Testudo horsfieldi*. Die Vorderbeine können vorderseitig nur vier oder fünf Reihen großer, sich nicht überlappender oder auch bis zu zehn Reihen kleinerer normaler Schuppen aufweisen.

Artenbestimmung

In der Mittelmeerregion leben fünf Arten von Landschildkröten, die bei genauerer Betrachtung nicht schwer zu unterscheiden sind. Es ist wichtig zu wissen, daß die Unterschiede zwischen den Arten ähnlich groß wie beispielsweise zwischen Mensch und Orang-Utan sind. Als Regel gilt, daß verschiedene Arten keine "gute Gesellschaft" für einander darstellen.

Im Allgemeinen empfiehlt es sich, sich mit der wissenschaftlichen Namensgebung vertraut zu machen; die deutschen Trivialnamen können leicht für Verwirrung sorgen.

Testudo graeca
(Maurische Landschildkröte)

Sie wurde erstmalig von dem schwedischen Botaniker Carl von Linné (verlateinisiert Carolus Linnaeus) im Jahre 1758

Testudo horsfieldi ist leicht am fast gleichmäßig runden Panzer zu erkennen, wenn man diese Schildkröte von oben betrachtet. Sie wurde schon in Bergregionen in Höhen von 1500 bis 2000 Metern gefunden. Foto B. Kahl.

beschrieben. *Testudo* ist der Gattungsname. Er stammt aus dem Lateinischen und bedeutet Landschildkröte. *Graeca* ist der Artname; ebenfalls lateinisch und mit "griechisch" zu übersetzen. Allerdings kommt diese Art nur selten aus Griechenland. Linnaeus gab ihr diesen Namen, weil ihn das Zeichnungsmuster auf ihrem Carapax an das Griechische Mosaik erinnerte. Dieser Name hat deshalb seit jeher unter den Landschildkrötenliebhabern für Verwirrung gesorgt. Sie wird auch Sporn-Schildkröte genannt. Die meisten Tiere wurden aus Marokko oder der Türkei nach Nordeuropa exportiert und stellten zwischen 1946 und 1984 den Hauptmarktanteil dar. Ihre natürliche Verbreitung erstreckt sich von Spanien über Nordafrika bis in den Mittleren Osten und Iran, hinauf in den Balkan und den Norden Griechenlands.

Testudo hermanni
(Griechische Landschildkröte)

Von Gmelin 1789 erstmals beschrieben, ist *hermanni* die Verlateinisierung des Namens eines Zoologen. Es wurden hauptsächlich aus Jugoslawien große Stückzahlen exportiert. Diese an relativ kaltes Klima angepaßte Landschildkröte ist über den größten Teil Südeuropas und nach Osten bis in die Türkei verbreitet.

Testudo marginata
(Breitrand-Schildkröte)

Die Erstbeschreibung erfolgte durch Schoepff im Jahre 1792. *Marginata* bedeutet gesäumt und bezieht sich auf die zinnenartige Form der hinteren Carapaxränder ausgewachsener Tiere. Ihre Hauptverbreitung ist auf das südliche Griechenland und die Griechischen Inseln beschränkt. Von allen Europäischen Landschildkröten sind sie die Schnellwüchsigste.

Testudo horsfieldi
(Vierzehen-Landschildkröte)

Gray beschrieb diese Art erstmalig 1844. Ihr natürliches Verbreitungsgebiet ist Afghanistan und der Südwesten Rußlands. Es erstreckt sich um das Kaspische Meer bis nach Pakistan. Da diese Gebiete für ihre ausgesprochen harten Winter mit Temperaturen weit unter dem Gefrierpunkt bekannt sind, gräbt sich diese Art für die Winterruhe sehr tief ein, um dem sonst tödlichen Winterfrost zu entgehen.

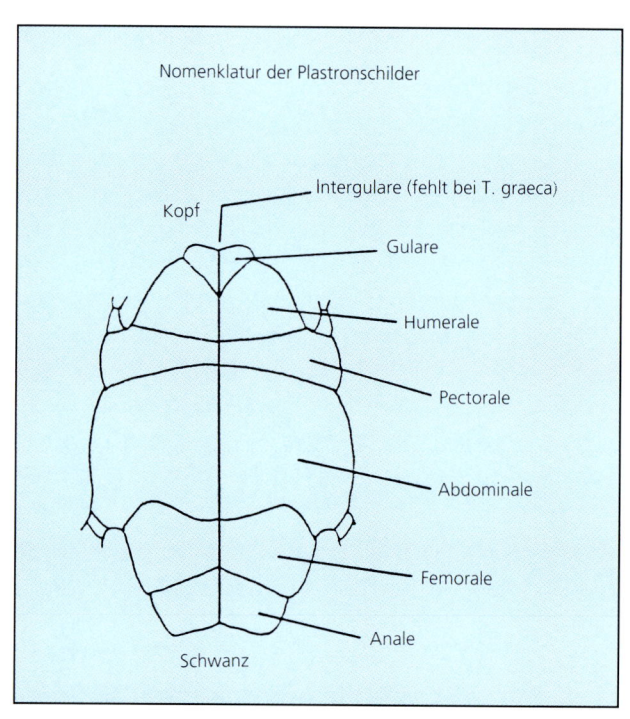

Nomenklatur der Plastronschilder

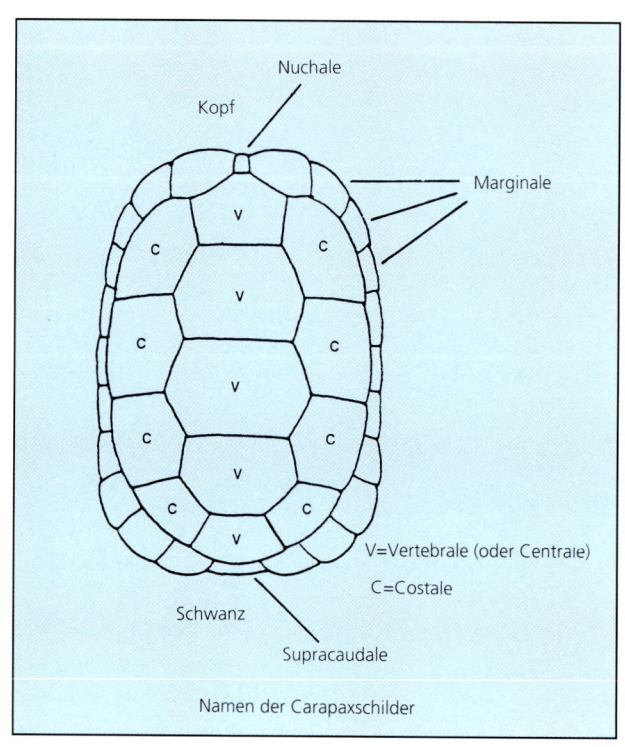

Namen der Carapaxschilder

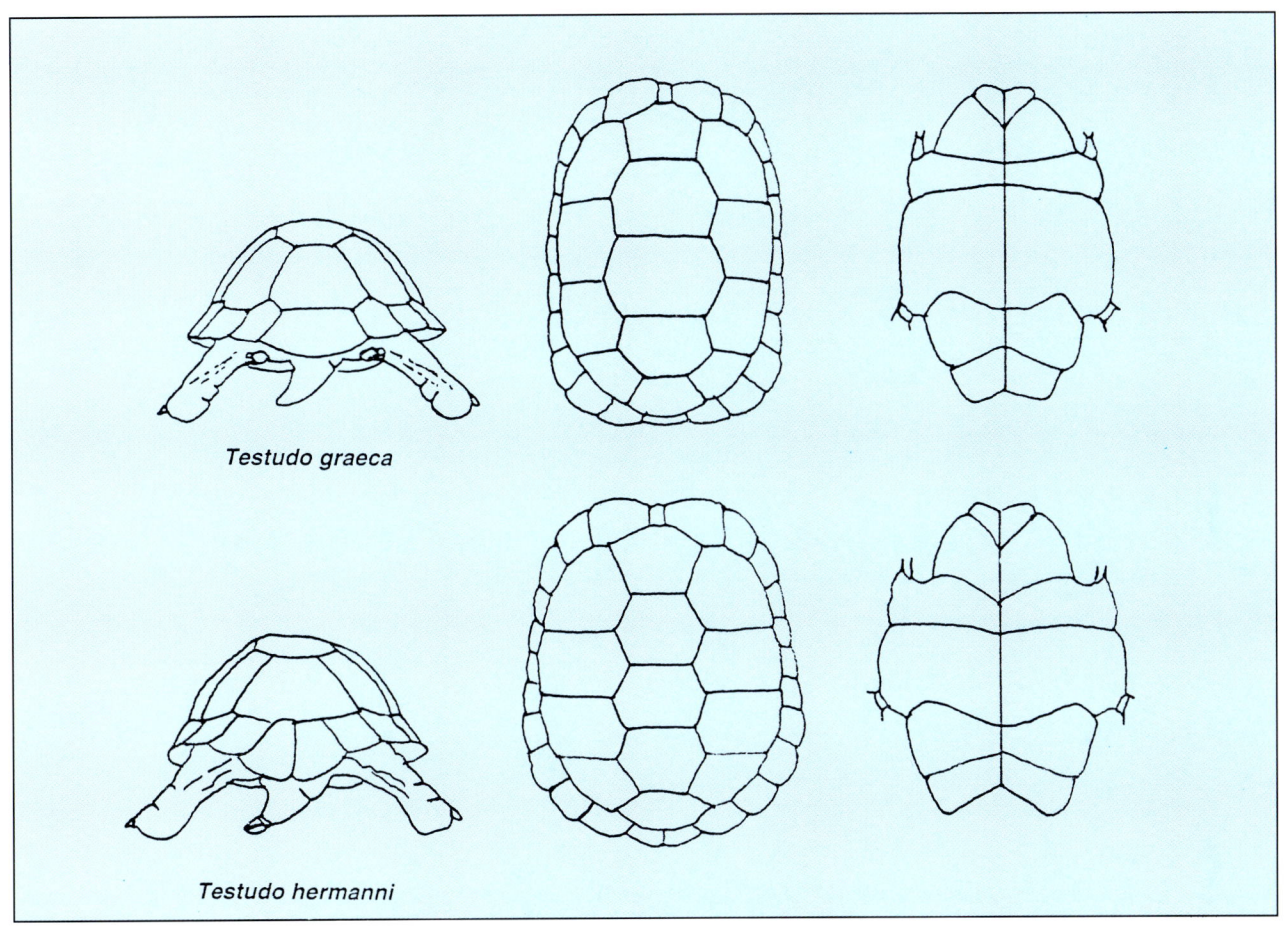

Testudo graeca

Testudo hermanni

Bestimmung von Testudo-Arten

In den Sommermonaten können die Tagestemperaturen in diesen Regionen aber auch auf lebensbedrohende Werte über 30°C ansteigen, denen die Tiere wiederum durch Eingraben ausweichen. Das Ergebnis dieses Verhaltens ist, daß die Schildkröten gewöhnlich nur für etwa drei Monate im Jahr an der Erdoberfläche anzutreffen sind, nämlich im Frühjahr und zeitigem Sommer.

Testudo kleinmanni
(Ägyptische Landschildkröte)

Sie wurde 1883 von Lortet beschrieben. Ihre Heimat ist das nördliche Afrika zwischen Lybien und dem Sinai. Obwohl diese Landschildkröten anatomisch gut beschrieben wurden, ist doch recht wenig über ihre Ökologie publiziert worden, und sie sind in Nordeuropa nur selten zu sehen. Da die Umgebungstemperaturen in Ägypten nur selten 15°C unter-

schreiten, ist es zweifelhaft, daß die Tiere normalerweise eine Winterruhe halten.

Die meisten verfügbaren Veröffentlichungen beschreiben die Weibchen der Gattung *Testudo* als Tiere mit einem flachen Plastron, wohingegen die Männchen ein konkav gewölbtes besitzen. Diese Aussage ist mißverständlich, denn dieses Unterscheidungsmerkmal ist für die Geschlechtsbestimmung nur zweitrangig. Junge Landschildkröten weisen bis zu ihrem fünften oder sechsten Lebensjahr keinerlei geschlechtsspezifische äußerliche Unterschiede auf. Männchen, die während dieser Entwicklungsphase einzeln gehalten werden, entwickeln nur ein leicht oder kein konkav gewölbtes Plastron. Diese Verformung scheint ein Ergebnis der ständigen Besteigungsversuche des Männchens auf ein Weibchen zu sein - ein Verhalten, das völlig normal ist.

Die hauptsächlichen äußeren Geschlechtsunterschiede in

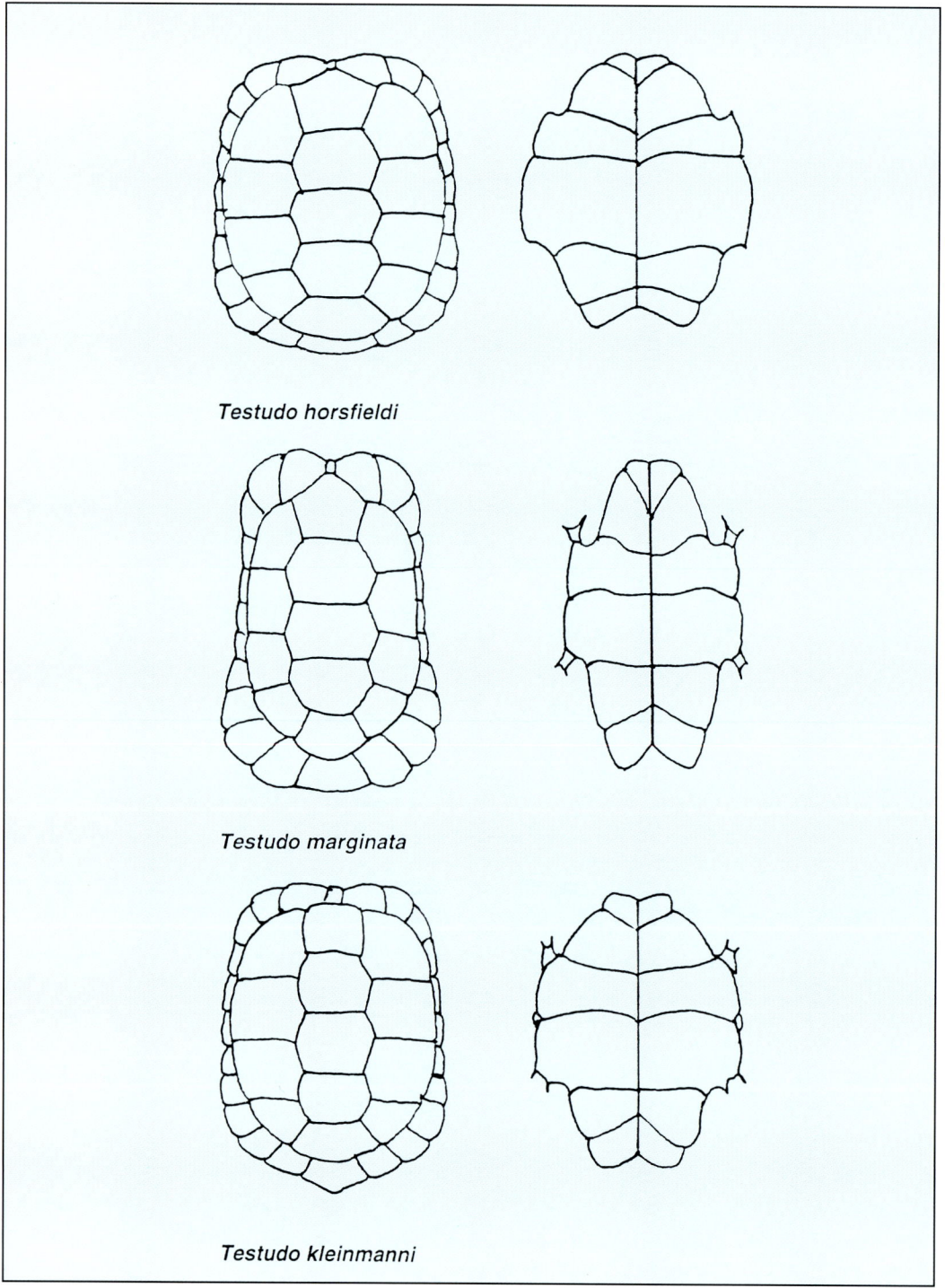

Testudo horsfieldi

Testudo marginata

Testudo kleinmanni

Landschildkröten lassen sich gut an der Panzerform unterscheiden. Die Geschlechter der einzelnen Arten sind sowohl an Schwanzform- und größe, als auch an der Körpergröße der ausgewachsenen Tiere zu erkennen. Hier Testudo hermanni hermanni. Foto B. Kahl.

der Gattung *Testudo* sind die Schwanzform- und -größe. Bei *Testudo graeca* ist der Schwanz des Weibchens kurz (etwa ein Fünftel der Länge des Hinterbeines), die Kloake ist faltig, rundlich, und der Kot fällt nach unten, wenn der Schwanz mit der Wirbelsäule eine Linie bildet. Die Schwänze der Männchen sind länger (etwa drei Viertel der Länge des Hinterbeines), und die Kloake ist ein länglicher Spalt, aus der der Kot nach vorne austritt, wenn der Schwanz waagerecht gehalten wird.

Es gibt jedoch noch weitere Merkmale. Männchen tragen ihre Schwänze gewöhnlich seitlich eingeklappt, wohingegen Weibchen dieses nur während der Winterruhe, bei Magersucht oder anderen Erkrankungen tun; im Normalfall tragen sie den Schwanz gerade. Das hintere Plastralschild adulter Weibchen von *T. graeca* ist zur Erleichterung der Eiablage abklappbar. Das hintere Plastralschild bei Männchen und Jungtieren ist starr oder zumindest sehr unflexibel.

Gelegentlich ist die Situation allerdings etwas komplizierter. Der Verfasser konnte drei Exemplare von *T. graeca* in Augenschein nehmen, die vor Erreichen der Geschlechtsreife importiert worden waren und durch unzureichende Haltungsbedingungen seit ihrer Einfuhr nur wenig gewachsen waren. Alle Tiere schienen halberwachsene Männchen zu sein, mit Schwanzmaßen von der Hälfte bis zwei Dritteln der Normallänge. Noch erstaunlicher war die Untersuchung einer ausgewachsenen Landschildkröte, bei der der Verfasser deutlich männliche Genitalien erkannte, verschiedene andere Personen aber versichern konnten, daß auf einer Röntgenaufnahme des besagten Tieres einwandfrei Eier erkennbar waren.

Gattung Testudo: Artmerkmale

Arten:	graeca	hermanni	marginata	horsfieldi	kleinmanni
Schenkelsporne:	ja	nein	nein	ja	nein
Schwanzendschuppe:	nein	ja	nein	ja	nein
Bewegliches Plastron:	adulte Weibchen	nein	nein	nein	beide Geschlechter
Schuppen an vorderen Gliedmaßen:	3-7 Reihen groß	5-10 Reihen klein	4-5 Reihen groß	5-6 Reihen groß	3-4 Reihen groß
Vorderkrallen:	5	5	5	4	5
Supracaudalschilder:	1	2	1	1	1
Nuchalschild:	schmal	schmal	schmal	klein	breit

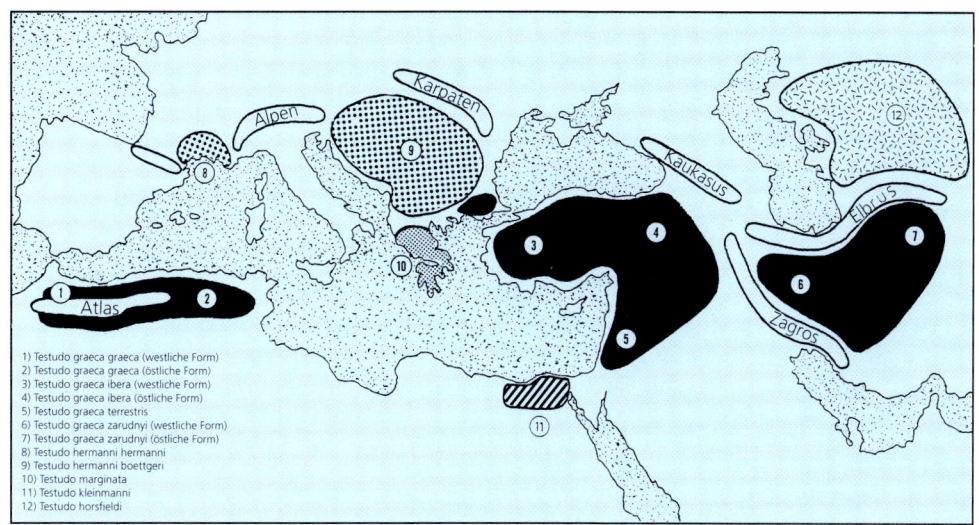

1) Testudo graeca graeca (westliche Form)
2) Testudo graeca graeca (östliche Form)
3) Testudo graeca ibera (westliche Form)
4) Testudo graeca ibera (östliche Form)
5) Testudo graeca terrestris
6) Testudo graeca zarudnyi (westliche Form)
7) Testudo graeca zarudnyi (östliche Form)
8) Testudo hermanni hermanni
9) Testudo hermanni boettgeri
10) Testudo marginata
11) Testudo kleinmanni
12) Testudo horsfieldi

Verbreitung der Europäischen Landschildkröten
Eine grobe Verbreitungskarte aufgrund der zahlreich existierenden Veröffentlichungen. Da einige Berichte widersprüchlich sind, verläßt sich der Verfasser in diesen Fällen auf sein eigenes Urteil. Die Darstellung verschafft eine gute Übersicht über die Verteilung der einzelnen Landschildkröten-Populationen.

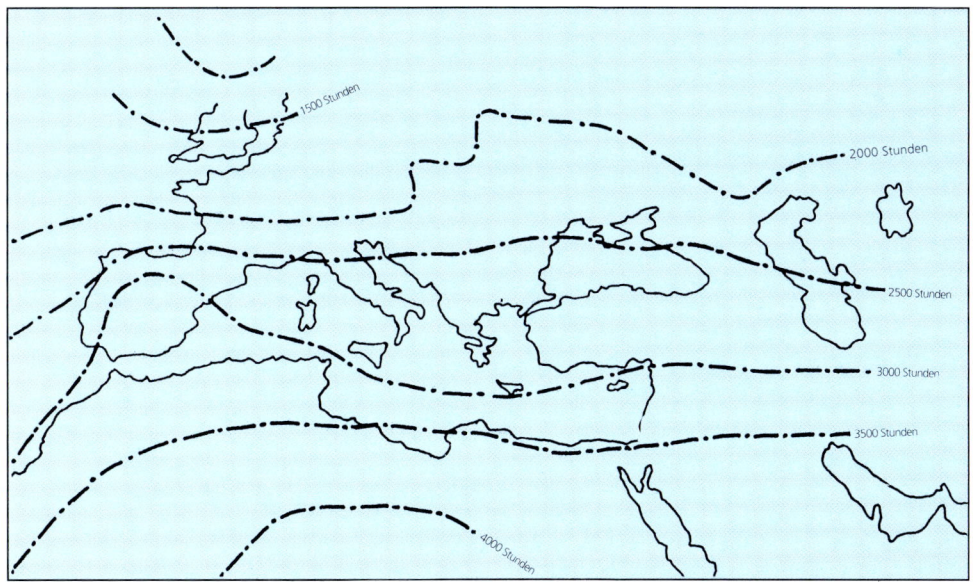

Jährliche Sonnenstunden
In der Natur leben Landschildkröten nicht nördlich der jährlichen 2500 Sonnenstunden-Marke.

UNTERARTENBESTIMMUNG

Die Art *Testudo graeca* existiert in leicht unterschiedlichen Formen in verschiedenen Verbreitungsgebieten. Jede Form ist an das jeweilige Klima und die Vegetation seiner Region angepaßt. Die Vermehrung ist bei Individuen aus der selben Region relativ einfach, wohingegen Kreuzungen zwischen Tieren aus unterschiedlichen Regionen meistens erfolglos verlaufen.

An dieser Stelle ist ein Wort der Warnung angebracht - als dieses Buch entstand, waren noch keine ausreichenden zoologischen Feldforschungen durchgeführt worden, um die tatsächliche Ausdehnung der Verbreitungsgebiete aller hier genannten Landschildkröten sicher festzustellen. Ob die Unterschiede im Einzelnen art- oder unterartspezifischer Natur oder als Rassemerkmale einzuordnen sind, war ebenfalls noch ungeklärt. Die hier gebrauchten Namen sind die allgemein am häufigsten verwendeten. Sie mögen wissenschaftlich korrekt sein oder auch nicht. Der einzige wirklich sichere Weg ist das Erstellen einer DNA-Analyse von Landschildkröten aus allen bekannten Populationen. Nur die Zeit wird dieses Rätsel lösen. Der Verfasser ist der Ansicht, daß selbst wenn Detailfehler in seiner Aufstellung vorhanden sind, die Veröffentlichung trotzdem lohnt, denn die Daten geben einen guten Überblick über die Gesamtheit der Europäischen Landschildkrötenpopulationen und die zu ihrer Zucht benötigten Pflegebedingungen.

In jedem Fall sollte man jeglichen als art- oder unterartspezifisch beschriebenen Unterscheidungsmerkmalen, die Größenangaben zur Grundlage haben, mit Vorsicht begegnen. Das Wachstum einer Landschildkröte - und damit die durchschnittliche Größe eines Tieres - ist sehr stark von der Ernährung und Wärmezufuhr in der Haltung abhängig.

Testudo graeca graeca
(westliche Form)
Vorkommen: Die gewöhnlich als Nominatunterart klassifizierte Form lebt in den Ausläufern des westlichen Atlas-Gebirges in Marokko, Nordafrika.

Testudo graeca graeca
(östliche Form)
Vorkommen: Östliches Atlas-Gebirge in Algerien und Teile von Tunesien und Lybien.

Testudo graeca ibera
(westliche Form)
Vorkommen: Nördliches Griechenland und Nord-Türkei. Ibera ist der Name einer Stadt in der Türkei. Diese Form ist nicht in Spanien vertreten.

Testudo graeca ibera
(östliche Form)
Vorkommen: Südöstliche Türkei.

Testudo graeca terrestris
Vorkommen: Syrien, Libanon und Israel.

Testudo graeca zarudnyi
(östliche Form)
Vorkommen: Ost-Iran.

Testudo graeca zarudnyi
(westliche Form)
Vorkommen: West-Iran.

Die genannten Gebiete stellen die Verbreitungszentren dar. Der Vollständigkeit halber muß noch erwähnt werden, daß die Tiere durch den Menschen aus ihren natürlichen auch in andere, neue Gebiete verschleppt wurden. Hieraus sind zum Teil neue Populationen hervorgegangen.

Wenn festgestellt werden soll, zu welcher Populationsgruppe ein bestimmtes Exemplar gehört, muß der Tatsache Rechnung getragen werden, daß die äußerlichen Unterschiede zwischen den Populationen nur sehr gering, zwischen einzelnen Exemplaren aber sehr groß sein können. Das heißt, daß regionale Unterschiede undeutlich sein können. Es ist wichtig zu wissen, daß der Melaninanteil (schwarze Farbpigmente) im Carapax sehr variabel und daher nur ein unzureichender Anhaltspunkt für die Herkunft ist. Auch Größe und Wachstumsrate sind stark vom Habitat abhängig, weshalb diese Aspekte unbrauchbar sind, wenn das Tier erst einmal in einen anderen Lebensraum verbracht worden ist. Vor dem Versuch einer Zuordnung sollten Carapax, Plastron und Weichteile gründlich gewaschen werden. Es ist unmöglich, geringere Farbschattierungen unter einer Schicht von Öl und Schmutz zu erkennen. Es müssen alle möglichen Unterscheidungsmerkmale eingehend untersucht werden;

keine Entscheidung sollte nur aufgrund eines Merkmals getroffen werden. Wenn möglich, sollten diese Merkmale mit denen anderer Landschildkröten verglichen werden. Sicher bestimmte Zuchtpaare sind dafür sehr gut geeignet, denn sie vermitteln eine Vorstellung über die mögliche Variationsbreite und Regelmäßigkeiten innerhalb einer Unterart.

Bestimmungsmerkmale

Supraocularbogen:

T. g. graeca hat hohe, "froschähnliche" Augenwülste. Alle anderen Unterarten besitzen schwache, "schlangenähnliche" Wülste.

Krallen:

T. g. graeca und *T. g. ibera* besitzen Krallen, deren bräunliche Schattierung der Basis zu den Spitzen hin vergilbt. *T. g. terrestris* hat gewöhnlich gelbliche Vorderkrallen; die äußeren zwei Krallen jedes Hinterfußes sind dunkelbraun, die beiden inneren sind gelblich. *T. g. zarudnyi* weist schwarze oder sehr dunkle, braune Krallen auf.

Körperschuppenfarbe:

Beine, Schultern, Kopf, Nacken und die zwischen Plastron und Carapax sichtbaren Beckenteile sind allesamt beschuppt. Die Färbung ist variabel. *T. g. graeca* ist meistens gelblich gefärbt, die Schuppen der Schultern sind aber oftmals eher schmutzig gelb und braun. *T. g. ibera* ist ebenfalls gelblich gefärbt. Bei *T. g. terrestris* sind die Innenseiten der Hinterbeine hell, die Außenseiten dunkel, gewöhnlich mit einer deutlichen Trennung zwischen beiden Farbtönen. Der Kopf zeigt normalerweise seitlich und oben gelbe Zeichnungselemente. *T. g. zarudnyi* trägt am ganzen Körper sehr dunkle Schuppen.

Carapaxform:

Bei *T. g. zarudnyi* (östliche Form) ist der Carapax erwachsener Tiere vorne und über den Hinterbeinen aufgewölbt. Bei den anderen Unterarten treten diese Wölbungen nicht oder nur sehr schwach auf.

Melaninzeichnung des Carapax:

Der Carapax ist in Schilder unterteilt, die bei *Testudo graeca* dunkel schattierte Zeichnungselemente tragen, welche durch das Farbpigment Melanin entstehen. Wie kräftig die Färbung (Melanismus) ist, variiert von Schild zu Schild und von Tier zu Tier. Ursprünglich abhängig von der Elternschaft und damit vererbbar, variiert die Farbintensität aber auch mit der Ernährung und dem Gesundheitszustand der Landschildkröte.

In jedem Fall bestehen zahlreiche Zeichnungsübereinstimmungen sowohl innerhalb der Art als auch unter den einzelnen Verbreitungsformen.

Jedes Schild von *Testudo graeca* trägt ein einheitlich dunkles Zeichnungselement, das aus einem C-förmigen Umriß und einem zentralen Fleck besteht.

T. g. graeca (westliche Form):

Das C-Element ist ganz oder teilweise unterbrochen und besonders auf den Costalschildern eher eine Fleckenzeichnung.

T. g. graeca (östliche Form):

Das C-Element ist ganz oder teilweise in strahlenförmige Linien und Flecken aufgelöst.

T. g. ibera (westliche Form):

Gleichmäßige Flecken.

T. g. ibera (östliche Form):

Das C-Element ist in strahlenförmige Linien aufgelöst.

T. g. terrestris:

Das C-Element erscheint manchmal in Form von strahlenförmigen Linien, ist aber gewöhnlich gar nicht vorhanden, so daß nur der zentrale Fleck übrigbleibt.

T. g. zarudnyi:

Das C-Element ist vergrößert und vereinnahmt den Großteil oder das ganze Schild.

Grundfarbe des Carapax:

Bei *T. g. graeca* findet sich generell ein leicht orangefarbener Einschlag in der Grundfärbung des Carapax. Alle anderen Unterarten besitzen hingegen eine gelbliche Grundfarbe. Der Unterschied ist schwach ausgeprägt, und normalerweise ist es notwendig, zwei Tiere nebeneinander zu halten, um die Farbabweichung überhaupt erkennen zu können. Wie bei allen Vergleichen darf man sich auch hier nicht durch Schmutz, Algen, Öl oder gar einer Panzernekrose täuschen lassen.

Das Bestimmen der Arten ist einfach, und die Unterscheidungsmerkmale sind deutlich. Die Bestimmung von Unter-

Griechische Landschildkröten unterliegen heute strengen Schutzbestimmungen und dürfen nur mit entsprechenden Cites-Papieren gehandelt werden. Bevor diese Schutzbestimmungen inkraft traten, wurden riesige Mengen von griechischen Landschildkröten nach Deutschland importiert. Foto B. Kahl.

arten erfordert hingegen einiges an Erfahrung. Die Unterscheidungsmerkmale sind nicht offensichtlich und führen schnell zu Irrtümern.

Die Unterschiede in der Melaninzeichnung zwischen der östlichen und westlichen Form von *Testudo graeca* aus dem Atlas-Gebirge gehen mit klimatischen Differenzen einher. Ähnlich verhält es sich bei den westlichen und östlichen Formen von *Testudo graeca* aus der Türkei. In den westlichen Regionen sind die auflandigen Winde und damit die Niederschlagsmengen höher als in den östlichen Gebieten. Das

heißt, daß die Blätter westlicher Strauchgewächse größtenteils rund geformt sind und halbmondförmige Schatten werfen, an die sich die dunkle Carapaxzeichnung der dort lebenden Landschildkröten perfekt angepaßt hat. In den trockeneren östlichen Regionen dagegen ist die Blattform überwiegend gezackt, wodurch sich die strahlenförmige Carapaxzeichnung der dortigen Tiere erklärt. Zumindest ist das eine mögliche Theorie zur Erklärung der unterschiedlichen Zeichnungsformen.

TEMPERATURKONTROLLE

Landschildkröten sind Reptilien, Menschen sind Säugetiere. Einer der gravierendsten Unterschiede zwischen Reptilien und Säugetieren ist die Art der Körpertemperaturkontrolle. Menschen und andere Säugetiere produzieren Körperwärme, indem die aufgenommene Nahrung in Wärmeenergie umgewandelt wird. Sie besitzen einen inneren Regulationsmechanismus, der für eine mehr oder weniger konstante Körpertemperatur sorgt, welcher für eine weitgehende Unabhängigkeit von den herrschenden Außentemperaturen sorgt. Natürlich werden Wärme oder Kälte als solche empfunden, jedoch ist dies gewöhnlich nur eine Wahrnehmung höherer oder niedrigerer Lufttemperaturen und hat nichts mit der eigentlichen Körpertemperatur zu tun. Es handelt sich um ein sozusagen automatisches System, das nicht vom Bewußtsein gesteuert werden muß. Bei Landschildkröten ist das anders. Obwohl sie ebenfalls eine gleichbleibend hohe Körpertemperatur zur Aufrechterhaltung ihrer Lebensfunktionen benötigen, verfügen sie nicht über das vegetative Ausgleichssystem der Säugetiere. Hinsichtlich der Körpertemperaturkontrolle kann man zwischen vier Typen von Landschildkröten unterscheiden.

Landschildkröten des tropischen Regenwaldes

Der tropische Regenwald ist ein einzigartiger Lebensraum für Tiere. Die Kombination von äquatorialer Sonne mit einer im Jahresverlauf kaum schwankenden Tageslichtdauer, einem dichten Blätterdach und heftigen Regenfällen, läßt ein sich selbst regulierendes System entstehen, bei dem die Lufttemperatur am Boden am Tage wie auch nachts auffallend stabil ist - Sommer wie Winter zwischen 26 und 30°C. Landschildkröten, die sich in diesem Klima entwickelt haben und solche wie *Geochelone carbonaria* (Köhlerschildkröte), die in eben einem solchen Klima in Südamerika leben, scheinen über keinerlei Temperaturkontrollsystem zu verfügen. Sie überlassen es dem Wald, ihre Körpertemperatur zu regulieren. Die Haltung einer solchen Landschildkröte außerhalb von Regenwaldklimaten erfordert offensichtlich eine Unterbringung mit einer thermostatgesteuerten, das ganze Jahr konstanten Lufttemperatur von etwa 28°C ohne Nachtabsenkung.

Landschildkröten von äquatorialen Inseln

Die Landschildkröten auf Galapagos und den Seychellen leben in Gebieten, wo die Lufttemperatur generell zwischen 26 und 30°C liegt, gelegentlich aber bis auf 50°C ansteigen kann. Diese Landschildkröten haben für solche Extreme eine Methode zum Absenken ihrer Körpertemperatur unter die Luftwerte entwickelt. Zu diesem Zweck entziehen sie sich dem direkten Sonnenlicht und suhlen sich in schlammigen Tümpeln. Durch die Verdunstung des Wassers entsteht ein kühlender Effekt. Aus offensichtlichen Gründen müssen diese Bedingungen auch bei einer Haltung außerhalb der natürlichen Habitate simuliert werden.

Landschildkröten der Wüste

Einige Landschildkrötenarten, wie die Kalifornische Wüsten-Landschildkröte (*Gopherus agassizi*) aus Nordamerika, leben in heißen Wüsten. Wüsten sind Gebiete mit extremen Temperaturschwankungen. Allerdings sind diese Extreme 15 bis 20 cm unter der Erdoberfläche durch die isolierende Wirkung des Erdreiches bereits wieder aufgehoben. Die dortigen Landschildkröten graben sich daher Erdhöhlen und verlassen sie nur, wenn die Außentemperaturen für sie akzeptabel sind.

Landschildkröten der gemäßigten Breiten
(überwinternde)

Diese Landschildkröten leben in den Gebieten nördlich und südlich der äquatorialen Region, wo die Lufttemperatur allein nicht ausreicht, um ihre Körpertemperatur auf die gewünschten 30°C zu bringen. Hier haben die Tiere drei Methoden zur Lösung des Problems entwickelt. An Sommertagen nutzen sie direkte Sonneneinstrahlung zum Anheben der Körpertemperatur über die Luftwerte. In den Sommernächten graben sie sich ein, um möglichst viel der aufgenommenen Wärme zu erhalten. Zum Winter hin, wenn die Temperaturen sinken und die Sonnenscheindauer abnimmt, erweist sich diese Methode als unzulänglich. Deshalb haben diese Landschildkröten die Strategie der Winterruhe entwickelt.Und genau dieses Verhalten der hier vierten Gruppe von Landschildkröten soll in diesem Buch untersucht werden. Die meisten Untersuchungen und Experimente des Verfassers wurden zwar mit Maurischen Landschildkröten (*Testudo graeca*) durchgeführt, jedoch trägt der Großteil der Ergebnisse zu einem besseren Verständnis bei der Haltung aller Europäischen Landschildkröten bei.

Sonnenbaden

Jeder Landschildkrötenpfleger wird festgestellt haben, daß Europäische Landschildkröten bei sonnigem Wetter einen gut beschienenen Platz aufsuchen und sich ihren Carapax von der Sonne wärmen lassen. Vorausgesetzt sie werden nicht gestört oder geängstigt, verweilen sie dort, bis sie etwa handwarm sind. Dann - und nur dann - begeben sie sich auf Futtersuche. Was hierbei wirklich geschieht, ist nicht ganz offensichtlich.

Die Oberflächenfärbung des Carapax besteht aus Farben, die Infrarotstrahlung eher absorbieren als reflektieren. Auch ist die Oberfläche von winzigen Poren durchbrochen, in die die Strahlen eindringen können. Dadurch erhöht sich die Temperatur des Carapax.

Der Blutkreislauf von Landschildkröten unterscheidet sich von dem der Säugetiere. Bei Säugetieren fließt das Blut erst in die Lungen und von dort in die Muskeln und Organe. Bei Landschildkröten wird das Blut unter dem Carapax über den Rücken geleitet, um dort Wärme aufzunehmen und auf den restlichen Körper zu verteilen.

Im von den Tieren natürlich besiedelten Mittelmeerraum sind die sommerlichen Lufttemperaturen höher als in Deutschland. Was aber noch erstaunlicher ist, ist die Anzahl der Sonnenstunden, die im Vergleich mit beispielsweise England mit einem Durchschnitt von 1.500 Stunden jährlich, im Mittelmeerraum zwischen 2.500 und 3.500 Stunden liegt. Hinzu kommt, daß die Sonne in einem zunehmend niedrigeren Winkel scheint je weiter nördlich man sich begibt. Das heißt, daß eine Landschildkröte in Deutschland, wo nur etwa ein Drittel der Energie ihres natürlichen Lebensraumes zur Erwärmung des Körpers verfügbar ist, weniger Futter verwerten kann. Deshalb frißt sie weniger, wächst langsamer, ist inaktiver, und ihr Immunsystem ist schwächer. Bei der Gefangenschaftshaltung von Europäischen Landschildkrö-

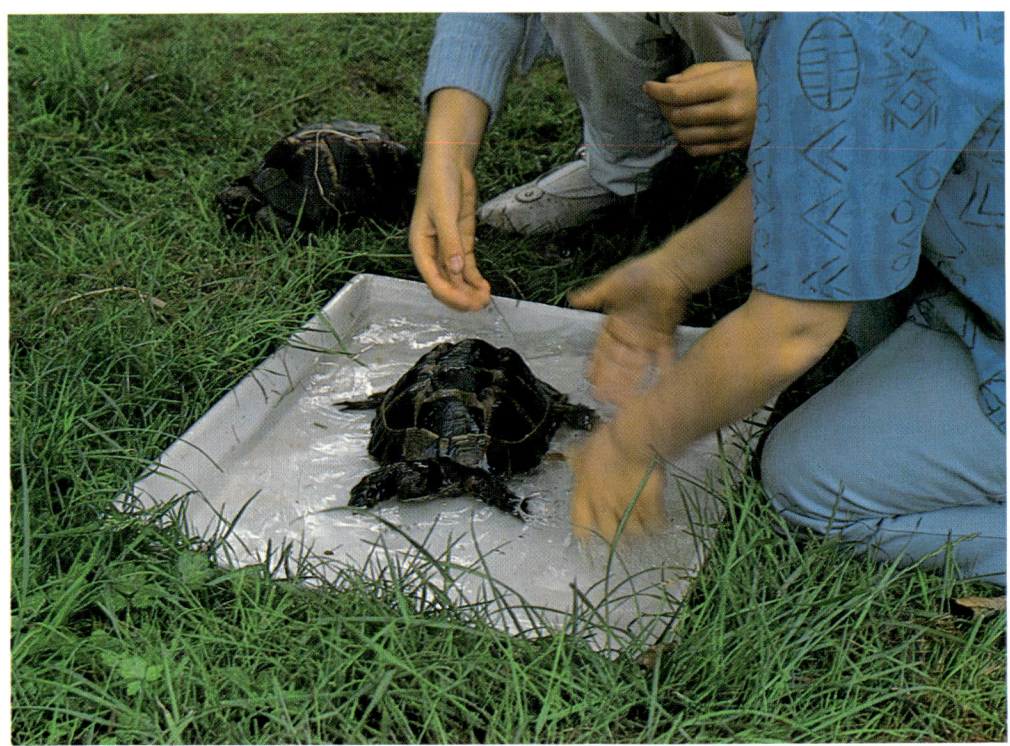

Landschildkröten müssen sauber gehalten werden. Durch Schmutz oder ölverstopfte Poren beeinflussen das Wärmeaustauschsystem des Körpers. Man benutzt Seife oder andere harmlose Reinigungsmittel, Wasser und eine weiche Bürste. Die Augen des Tieres müssen geschützt werden. Foto: Susan C. Miller.

Gerade kleine Schildkröten, wie diese Testudo kleinmanni benötigen einen regelmäßigen Temperaturrythmus, um sich gut entwickeln zu können. Ihre Lebensaktivitäten und die Nahrungsaufnahme werden von den Umgebungstemperaturen stark beeinflußt. Foto R. D. Bartlett.

ten ist es daher lebenswichtig, daß zusätzlich künstliche Sonnenplätze angeboten werden, die an trüben Tagen ersatzweise aufgesucht werden können.

Der Verfasser hat hierzu eine Reihe von Versuchen unternommen, um so viel wie möglich über das Verhalten beim Sonnenbaden herauszufinden - die Ergebnisse sind interessant.

Als erster Faktor ist der Gesundheitszustand der Landschildkröte bedeutsam. Wird ein Strahler so installiert, daß er den Boden vertikal bestrahlt, liegt die höchste Temperatur im Strahlungszentrum. Im weiteren Umfeld nimmt die Temperatur ab und geht schließlich in die Lufttemperatur der Umgebung über. Eine gesunde, aktive Landschildkröte wird hierbei zunächst den heißesten Punkt aufsuchen, dort verweilen bis ihre optimale Körpertemperatur erreicht ist und dann Aktivitäten wie der Futtersuche nachgehen. Ein krankes Tier wird hingegen gewöhnlich einen Platz zwischen der kühlsten und der heißesten Stelle bevorzugen, wo die Werte bei etwa 30°C liegen. Dort wird sie bewegungslos verharren. Ist das Tier ernsthaft krank, wird es Wärme völlig meiden und sich eher in eine Art Winterruhe zurückziehen.

Zwischen dem Verhalten von Männchen und Weibchen beim Sonnenbaden gibt es ebenfalls Unterschiede. Weibchen neigen deutlich zu ausgiebigen Sonnenbädern, wohingegen Männchen unruhiger sind und öfter für jeweils nur eine kurze Zeit in der Sonne bleiben. Auch unterernährte Tiere weisen ein unterschiedliches Verhalten auf.

Der Verfasser stellte verschiedene Arten von Sonnenplätzen zur Verfügung, um herauszufinden, welche davon bevorzugt werden. Bei nur einem verfügbaren Sonnenplatz wird dieser in jedem Fall angenommen, ganz egal ob es sich um eine weiße oder farbige Lichtquelle, einen Infrarot-Strahler, eine Heizmatte, einen Raumheizer oder ein Kohlenfeuer handelt. Werden aber Alternativen geboten, wird die mit einer Weißlichtlampe bevorzugt, die vertikal auf den Boden ausgerichtet ist. Ein solcher Sonnenplatz wird erstaunlicherweise sogar einem Infrarot-Strahler vorgezogen, der für den Zweck des Sonnenbadens theoretisch viel effektiver wäre. Dieses Ergebnis brachte den Verfasser zu der Überzeugung, daß Landschildkröten optimale Sonnenplätze in der Natur hauptsächlich daran erkennen, wo Sonnenflecken sichtbar sind. Wo dann innerhalb dieses Fleckes die spürbare Wärme auf ihrem Carapax am stärksten ist, befindet sich der optimale Platz.

Eine andere Beobachtung zeigt, daß in Gewächshäusern oder Wintergärten gehaltene Landschildkröten interessanterweise zu thermalen Problemen neigen. Innerhalb von Gewächshäusern sind die Temperaturen generell höher als draußen im Garten - das ist ihr Vorteil. Es gibt aber auch zwei Nachteile. Die Landschildkröte versucht, eine konstante Temperatur zu halten, die aber unter Glas von scheinender oder nicht scheinender Sonne abhängt und somit Schwankungen unterworfen ist.

Zum anderen hat das Tier Probleme, einen geeigneten Sonnenplatz zu finden, denn das Licht wird durch das Glas gebrochen, und es entstehen keine richtigen Sonnenflecken. Dieses Problem entsteht nicht, wenn ein draußen stehender Baum das Glasdach beschattet und das Sonnenlicht von den Zweigen wieder in einfallende Lichtbündel geteilt wird.

Die umgebende Lufttemperatur hat große Auswirkungen auf das Sonnenbadeverhalten. Der Verfasser veränderte bei Landschildkröten mit ausgewählten Sonnenplätzen die Lufttemperatur nach oben und unten. Wie erwartet, führten niedrigere Luftwerte zu ausgedehnteren Sonnenbädern.

Bei einer Temperatur von 35°C am Sonnenplatz erscheint eine umgebende Lufttemperatur zwischen 15 und 25°C für gesunde Landschildkröten optimal. Der niedrigste dieser Werte führt dazu, daß die Landschildkröten morgens später aufwachen, die meiste Zeit des Tages mit Sonnenbaden verbringen und wenig Nahrung zu sich nehmen. Bei ansteigenden Temperaturen verbessert sich auch ihr Appetit. Nähern sich die Werte der 30°C-Marke, beginnen die Landschildkröten nach kühleren, schattigen Stellen zu suchen und besuchen die Sonnenplätze nur für jeweils kurze Zeitspannen.

Werden sie wie beschrieben eingesetzt, stellen Wärmestrahler einen wirkungsvollen Ersatz für die Mittelmeer-Sonne dar. Die Landschildkröten verhalten sich dann wie bei natürlichem Sonnenschein. Bei Einschalten der Lampe wachen sie auf, und sie begeben sich zur Nachtruhe, sobald die Lampe abgeschaltet wird. Der Fortpflanzungstrieb wie auch die Winterruhe sind jahreszeitlich bedingt, und es gibt Anzeichen dafür, daß die Tageslänge einen Einfluß auf diese Phasen hat.

Obwohl viele unterschiedliche Haltungsbedingungen akzeptabel sind, erzielte der Verfasser mit den folgenden Angaben bei der Pflege von *Testudo graeca*, *hermanni* und *marginata* über die Sommermonate die besten Ergebnisse:

1) Eine Tageslufttemperatur von 20 bis 25°C. Ernsthaft erkrankte Landschildkröten benötigen Werte zwischen 25 und 28°C.

2) Eine Nachtabsenkung auf 10 bis 15°C.

3) Einen Ruheplatz für die Nacht, wo sich die Landschildkröte in isolierendes Material wie Stroh, Blätter oder Papierstreu eingraben kann.

4) Vertikal angebrachte, farblose Punktstrahler, deren Abstand zum Bodengrund so ausgerichtet ist, daß die Bodentemperatur 35°C erreicht. Der Verfasser benutzt zu diesem Zweck Reflektorstrahler mit einer Leistung von 100 Watt und einem Strahlungswinkel von 30°. Um eine ausreichend große Fläche zu erwärmen, die allen Landschildkröten in dem Behältnis gleichzeitig die Möglichkeit zum Sonnenbaden bietet, müssen dementsprechend stärkere Strahler verwendet werden.

5) Die Strahler werden über eine Zeitschaltuhr gesteuert. Diese wird jeden Monat neu eingestellt, um die gerade herrschende Sonnenscheindauer im Mittelmeerraum zu simulieren:

April 12 Stunden

Mai 13 Stunden und 20 Minuten

Juni 14 Stunden und 20 Minuten

Juli 14 Stunden und 40 Minuten

August 14 Stunden und 20 Minuten

September 13 Stunden und 20 Minuten

Oktober 12 Stunden

Im natürlichen Lebensraum der Europäischen Landschildkröten liegt die durchschnittliche Anzahl von Sonnenstunden pro Jahr bei 3.000. Die von den Strahlern erzeugten künstlichen Sonnenstunden würden gemäß der vorangegangenen Tabelle über die gesamte Jahreslänge gerechnet 4.400 Stunden betragen, wären also viel zu hoch. Der Pfleger muß berücksichtigen, daß die Sonnenscheindauer in der Natur durch Regen und Wolken beeinträchtigt und dadurch der theoretisch mögliche Maximalwert nicht erreicht wird.

Steht zu wenig Strahlungswärme zur Verfügung, sind die Landschildkröten inaktiv, sie wachsen langsamer, erholen sich schlechter von Krankheiten, und Wunden heilen nur sehr langsam.

Bei zu viel Strahlungswärme wachsen die Tiere schneller als gewöhnlich, was anormale Entwicklungserscheinungen zur Folge hat. Die Ansprüche von adulten Landschildkröten unterscheiden sich in keinster Weise von denen von Jungtieren oder Schlüpflingen.

Die meisten Pfleger neigen allerdings dazu, ausgewachsene Tiere zu kalt und Schlüpflinge zu warm zu halten. Die Wärmestrahler sollten also unbedingt laut der Tabelle über eine Zeitschaltuhr gesteuert und auch zeitweilig ausgeschaltet werden, um wolkige und regnerische Tage zu simulieren. Man orientiert sich dabei am besten an Aktivität, Wachstum,

Appetit und dem allgemeinen Gesundheitszustand der Tiere.

6) Da die Zimmerhaltung meist an mangelndem Raum und hohen Kosten scheitert, und Landschildkröten auf kleinem Raum generell ein verändertes Verhalten zeigen, ist eine Freilandhaltung vorzuziehen.

7) Landschildkröten sollten auf eingegrenzten Flächen einzeln oder in kleinen Gruppen gehalten werden.

Um sicherzustellen, daß die Tiere den größten Teil des Tages sichtbar sind, verwenden Zoos überwiegend Unterbodenheizungen, um die 35°C zum Sonnenbaden großflächig zu bieten. Theoretisch sollte diese Methode wirkungsvoll sein, aber in der Praxis zeigen die Tiere unter diesen Umständen kein natürliches Verhalten. Ganz im Gegenteil neigen so gehaltene Landschildkröten eher dazu, sich nachts einzugraben anstatt ihre vorgesehenen Schlafplätze aufzusuchen.

Sauberkeit

Wenn eine Landschildkröte verschmutzt ist, wird dadurch die Wirksamkeit des Wärmeaustauschsystems reduziert. Das ist natürlich ein unerwünschter Umstand. Noch schlimmer wirkt sich ein Einölen der Landschildkröten aus. Das Öl verstopft die Poren, gibt Schmutz die bestmögliche Haftung und macht eine Reinigung sehr schwierig. Auch ist das Risiko für Panzernekrosen durch Schmutz und Öl vielfach höher. Dem Verfasser ist bewußt, daß in vielen Büchern das Einölen empfohlen wird, jedoch ist es trotzdem ein Fehler.

Landschildkröten sollten regelmäßig mit Wasser und Seife und unter Verwendung einer Nagel- oder Zahnbürste gewaschen werden. Bei Verwendung von Öl ist es unumgänglich, den Carapax mehrfach mit Geschirrspülmittel abzuschrubben, um das Öl aus den Poren herauszubekommen. Die Augen der Tiere sollen während des Waschens mit einem Handtuch abgedeckt werden. Letztlich sind saubere Landschildkröten auch viel hübscher.

WINTERRUHE

Bei Einbruch des Winters versuchen wildlebende Europäische Landschildkröten ihre Körpertemperatur von 30°C so lange wie möglich zu halten. Wenn die Tage kürzer werden, die Sonne aus einem niedrigeren Winkel vom Himmel scheint und die Lufttemperatur abfällt, wird das zunehmend schwieriger. Schließlich gibt die Landschildkröte auf und sucht nach eher kühlen, schattigen Plätzen als nach warmen Sonnenflecken. Dies führt zu einem drastischen Abfall der Körpertemperatur auf 10 bis 15°C, was wiederum Appetitlosigkeit zur Folge hat. Für etwa vier Wochen stellt das Tier die Nahrungsaufnahme völlig ein, gibt aber trotzdem Urin und Kot ab. Nach dieser Periode ist das Verdauungssystem gänzlich entleert und die Schildkröte bereit für die Winterruhe.

In ihrem natürlichen Lebensraum ist der Bodengrund generell locker, trocken und besitzt einen hohen Kalksteinanteil. Solch Bodengrund hat einen sehr niedrigen Wärmeleitwert. Die Oberflächen- und Lufttemperaturen verhalten sich im Winter gleich und liegen bei durchschnittlich 0°C. Aber nur wenige Zentimeter unterhalb der Oberfläche liegen die Sommer- und Winterwerte stabil bei etwa 15°C. Und dieser Umstand wird von den Landschildkröten genutzt.

Die korrekte Körpertemperatur ist während der Winterruhe genauso wichtig wie im Sommer, nur mit dem Unterschied, daß die Schildkröte nun eine Körpertemperatur von nur 4 bis 5°C benötigt. Zu diesem Zweck gräbt sie sich so tief in den Boden ein, bis sie den richtigen Temperaturbereich gefunden hat. Somit graben die Tiere nicht bis auf eine spezifisch festgelegte Tiefe, sondern bis zu einem thermal geeigneten Punkt.

Bei einer Körpertemperatur von 30°C arbeitet der Stoffwechsel von Land-

schildkröten in einem "offenen System" - er nimmt Nahrung auf und scheidet Kot-, Wasser- und Harnsäureverbindungen aus. Liegt die Körpertemperatur bei nur 4°C, funktioniert der Stoffwechsel in einem "geschlossenen System" - angespeicherte Körperfette werden verwertet und die Ausscheidungsprodukte in den Nieren gespeichert. Bei dieser Temperatur ist die Landschildkröte inaktiv, und Herzschlag und Atmung sind auf einen Bruchteil ihrer Sommerfrequenz herabgesetzt. In diesem Zustand verbraucht das Tier nur sehr wenig Energie und kann passiv für längere Zeiträume exi-

Europäische Landschildkröten benötigen eine Winterruhe, während der sie sich eingraben und die Körpertemperatur absenken. Foto B. Kahl.

stieren. Der Verbrauch von Körpersubstanz und die Menge der gespeicherten Ausscheidungsstoffe können durch Wiegen vor und nach der Winterruhe ermittelt werden; wenn nötig auch durch Kontrollwiegen innerhalb der Winterruhe. Werden Landschildkröten während der Winterruhe gewogen, so darf das nicht in einem warmen Raum stattfinden. Beträgt die Lufttemperatur auch beim Wiegen 4 bis 5°C, werden Störungen der Ruhephase vermieden.

Der Verfasser fand durch Versuche heraus,
daß wenn:
1) das Verdauungssystem der Schildkröte bei Antritt der Winterruhe völlig entleert ist,
2) die Körpertemperatur des Tieres während der gesamten Ruhephase konstant bei 4°C liegt und

3) das Tier ein Gewicht von mehr als 1.500 g vor der Winterruhe aufweist,
der Gewichtsverlust nach einer viermonatigen Winterruhe generell weniger als 5 g beträgt. Der exakte Verlust konnte mit den dem Verfasser zur Verfügung stehenden Mitteln nicht ermittelt werden. Das Problem liegt zum einen in einer absolut akkuraten Gewichtsmessung, zum zweiten kommt es manchmal während der Winterruhe zu Wasseransammlungen im Schildkrötenkörper, und drittens ist es ausgesprochen schwierig, eine bestimmte Temperatur über einen längeren Zeitraum hinweg wirklich konstant zu halten. Die Resultate des Verfassers zeigen bei gesunden Landschildkröten und einer Temperatur von 4°C einen Gewichtsverlust von etwa 0,1% pro Monat.
Um eine Vorstellung von der längstmöglichen Überwinte-

Vor Beginn der Winterruhe sind die Schildkröten gut zu füttern, damit sie diese problemlos überstehen. Sobald im Frühjahr die Temperatur wieder stärker ansteigt, beginnen sich die Schildkröten aus dem Winterschlaf hervorzugraben. Testudo marginata. Foto B. Kahl

rungsdauer für Landschildkröten zu bekommen, ließ der Verfasser ein zehn Wochen altes Tier für 15 Wochen in der Winterruhe; der Gewichtsverlust betrug 23% des vorherigen Körpergewichts. Das Tier begann zwei Tage nach Beendigung des Ruhephase mit der Nahrungsaufnahme, baute das verlorene Gewicht stetig wieder auf und zeigte keinerlei Krankheitsanzeichen. Vergleicht man diese Daten mit den vorangegangenen, ergibt sich daraus eine Rechenformel zur Ermittlung des theoretisch maximalen Überwinterungszeitraumes einer Landschildkröte:

$$\frac{23,5}{0,1} \times \frac{1}{12} = 19,5 \text{ Jahre}$$

Das soll selbstverständlich keine Ermunterung dazu sein, Landschildkröten auch nur für einen annähernd so langen Zeitraum einzuwintern! Dieses Rechenexempel basiert auf einer mutmaßlichen Berechnung, die als nicht vertrauenswürdig zu betrachten ist. Das Beispiel zeigt aber deutlich, daß für eine erfolgreiche Überwinterung die Temperatur einen ausschlaggebenden Faktor darstellt, die Länge der Ruhephase hingegen relativ unwichtig ist.

Wird eine Landschildkröte in einem Behälter mit kontrollierten Temperaturen überwintert und die Körpertemperatur des Tieres sorgsam überwacht, können einige interessante Vorgänge beobachtet werden. Bei 4 bis 5°C ist die Landschildkröte völlig inaktiv. Sinkt die Temperatur weiter, gräbt sie tiefer, indem sie mit den Vorderkrallen das Erdreich aufreißt und die lose Erde mit den Hinterbeinen wegschiebt. Steigt die Temperatur über 5°C, gräbt sie sich in gleicher Weise weiter nach oben. Dabei handelt es sich vermutlich weniger um eine bewußte Reaktion, sondern mehr um eine Reflexhandlung. Die Landschildkröte scheint während dieser Grabarbeiten nicht aus ihrer Schlafphase zu erwachen. Wird die natürliche Temperatursteigerung im Erdreich auch in der Gefangenschaftshaltung geboten, bildet diese Verhaltensweise ein automatisches System zur Erhaltung einer geeigneten, konstant niedrigen Körpertemperatur.

Vergleicht man den Gewichtsverlust und die während der Winterruhe herrschende Temperatur miteinander, so scheint es einen direkten Zusammenhang zu geben, bei der die Überwinterungsdauer bei mehr als 6°C oder unter 3°C und die währenddessen für Grabaktivitäten aufgewendete Zeit pro-

portional zueinander stehen. Dieser Zusammenhang steht wiederum in Proportion zum Gewichtsverlust, der seinerseits in einem Verhältnis zu den in den Nieren gespeicherten Ausscheidungsprodukten steht. Diese korrelieren wiederum mit dem Harnstoffspiegel im Blut.

Bei kleineren Landschildkröten und Jungtieren erscheint die Temperaturtoleranz für diese Reaktionen kleiner. Auch hier waren die Untersuchungsmöglichkeiten des Verfassers allerdings nur für qualitative und spekulative Ergebnisse ausreichend. Es gibt noch reichlich Möglichkeiten für quantitative Experimente.

Steigt die Körpertemperatur einer Landschildkröte auf 8 bis 10°C, erwacht sie aus der Ruhephase und gräbt sich zurück an die Erdoberfläche. Die exakte Temperatur, durch die diese Vorgänge ausgelöst werden, hängt scheinbar individuell von jedem einzelnen Tier ab. Der Vorgang selbst ist immer gleichbleibend, allerdings neigen kleinere Schildkröten dazu, bereits bei niedrigeren Temperaturen aufzuwachen als große.

Sinkt die Körpertemperatur der Landschildkröte zu weit ab, führt das zu Gesundheitsproblemen. Es kommt zunächst zu Augenschädigungen, die möglicherweise von gefrierender Feuchtigkeit in und an den Augen oder anderen Vorgängen ausgelöst werden. Je niedriger die Temperatur, um so schwerer sind die Schäden, und letztlich führen sie zum Tode. Aus verständlichen Gründen hat der Verfasser keine Versuche unternommen, um diesen Wert exakt zu ermitteln. Es kann aber empfohlen werden, die Körpertemperatur einer Landschildkröte in keinem Fall unter 2°C absinken zu lassen.

Gesundheitsprobleme in der Winterruhe

Generell entstehen Krankheiten durch Organismen, die im Körper der Schildkröte leben. Diese Organismen können von Medikamenten, dem Immunsystem des Tieres und seiner Körpertemperatur beeinflußt werden.

Aktive, warmgehaltene und gut ernährte Landschildkröten haben ein effektives Immunsystem, das mit kleineren Problemen durchaus fertig wird. Während der Winterruhe ist das Immunsystem weniger wirksam, weshalb ein bereits krank eingewintertes Tier noch kränker wird oder sogar stirbt. Um diesen Effekt auszugleichen, ist eine Temperatur von 4°C bestens geeignet, denn bei diesem Wert können sich die meisten Krankheitserreger kaum weiter ausbreiten und sich nur schwer vermehren. Das gleiche Prinzip liegt der Frischhaltung von Lebensmitteln im Kühlschrank zugrunde. Das heißt, daß bei einer leicht erkrankten Schildkröte die Krankheit während der Winterruhe zwar weiter fortschreitet, dies jedoch mit stark reduzierter Geschwindigkeit. Schon bei einer Temperatur von 7°C können sich Krankheiten viel schneller ausbreiten und verschlimmern, wodurch eine sorgfältige Temperaturkontrolle lebenswichtig wird.

Obwohl die Einwinterung einer nur geringfügig erkrankten Schildkröte gewöhnlich nicht tödlich verläuft, ist es in jedem Fall besser, bereits während der Sommermonate auf eventuelle Krankheitsanzeichen zu achten und diese sofort zu behandeln. Eine medizinische Versorgung sollte nicht hinausgezögert werden bis ein tödlicher Ausgang unvermeidlich ist. Zieht sich die Behandlung einer Krankheit bis zum eigentlichen Beginn der Winterruhe hin, sollte diese nicht eingeleitet werden. Man hält die Temperatur in einem solchen Fall auf Normalwert und verfährt auch mit der Beleuchtungsdauer und den Wärmestrahlern wie in den Sommermonaten weiter, bis die Behandlung abgeschlossen ist. Anschließend muß das Tier für drei bis vier Wochen die Möglichkeit haben, sein Verdauungssystem zu entleeren und kann dann in die Winterruhe geschickt werden. Ganz auf diese Ruhephase zu verzichten, kann zusätzliche Probleme wie Magersucht und Nierenschäden verursachen. Das Nichteinhalten der Winterruhe kann auch anhaltende Verhaltens- und Fortpflanzungsstörungen zur Folge haben.

Empfohlene Überwinterungsmethoden
Methode 1
Man beläßt die Landschildkröten in ihren Freianlagen, wo sie sich einen geeigneten Platz suchen und sich zur Winterruhe eingraben. Bei ausreichendem Platzangebot mit vielen Möglichkeiten werden sich die Tiere für kühle, trockene Plätze mit losem Bodengrund im Schutz von immergrünem Strauchwerk entscheiden. Ein idealer Platz ist eine Gartenecke, die permanent im Schatten liegt und einen lockeren, trockenen, kalkhaltigen Bodengrund aufweist. Er sollte möglichst von Koniferen überdacht sein, die einen sicheren Schutz gegen Winterregen bieten, jedoch nur ein schwaches Wurzelwerk besitzen, durch das sich die Schildkröten normalerweise hindurchgraben können. Unter den Pflanzen angesammelte abgestorbene Pflanzenteile bieten eine gute Isolierschicht.

Viele Pfleger empfinden die Überwinterung ihrer Landschildkröten im Freien rein instinktiv als nicht die beste Lösung. Aber davon abgesehen und vorausgesetzt, die Bedingungen entsprechen den eben geschilderten, ist dies eine sehr gute Methode. Von allen dem Verfasser bekannten, unter Überwinterungsproblemen leidenden Landschildkröten wurden mehr als 99% in Behältnissen im Haus und weniger als 1% im Freien überwintert.

Eines der immer wieder angesprochenen Probleme ist die Frage, ob die Schildkröten im Freien nicht durch wilde oder streunende Tiere gefährdet sind. Das Freilandgehege des Verfassers befindet sich in einem Gebiet, in dem auch Füchse, Ratten, Mäuse, Elstern, Krähen, Tauben, Eichelhäher, Eichhörnchen, Katzen und streunende Hunde leben. Keines dieser Tiere hat jemals in irgendeiner Weise eine Gefahr für die überwinternden oder auch immer Sommer draußen gehaltenen Schildkröten dargestellt. Gelegentlich versuchen Hunde im Sommer herumlaufende Schildkröten zu attakieren, weshalb man von der gemeinsamen Haltung beider absehen sollte.

Ein weiterer gefürchteter Punkt sind Frostschäden. Hat sich eine Landschildkröte 15 cm tief in trockenes Erdreich eingegraben, wird sie sogar kurze Perioden mit Temperaturen weit unter dem Gefrierpunkt schadlos überstehen. Der kritischste Faktor dabei ist Feuchtigkeit. Nasse Erde reagiert auf Temperaturschwankungen bis zu hundertfach besser als trockene, weshalb eine in feuchter Erde vergrabene Schildkröte bereits bei schwachem Frost in Gefahr ist.

Methode 2
Manchmal sucht sich eine Landschildkröte einen ungeeigneten Platz wie steinigen Boden oder zwischen großen Baumwurzeln, wo sie nicht tief genug graben kann. Ist das Tier deshalb nur halbwegs eingegraben, muß es erst einmal mit einer Laubschicht oder ähnlichem Material abgedeckt werden. Dann läßt man es für einige Tage in Ruhe, bis es fest schläft. Nun wird an einer kühlen, trockenen Stelle ein neues Loch gegraben und die schlafende Schildkröte dort hin überführt. Diese Aktion muß möglichst in den kühlen Abendstunden und nicht während des Tages durchgeführt werden, um jegliche Störung der Schlafphase zu vermeiden. Über dem Tier sollte sich eine etwa 10 bis 15 cm hohe, lockere Erdschicht befinden, und auch das Erdreich unter der Schildkröte muß um weitere 15 cm aufgelockert werden, um ihr

das Graben in tiefere Schichten zu erleichtern. An der Oberfläche werden Steine um den Schlafplatz herumgelegt und der Innenraum mit einer Stroh- oder Laubschicht aufgefüllt, die wiederum mit Erde und dann mit Schiefer- oder Plastikplatten abgedeckt einen sicheren Schutz vor Regen bildet.

Methode 3

Man vergräbt einen mit Torf gefüllten Plastikbehälter an einem schattigen Platz. Dieser wird mit vorzugsweise undurchsichtigem Material abgedeckt, um Regen und Feuchtigkeit abzuhalten. Nach der in Methode 2 beschriebenen Vorbereitungszeit wird die Schildkröte in den Torf eingegraben. Diese Methode ist eine Verbesserung von Methode 1 und 2, denn der Torf wird mit Sicherheit trocken bleiben, das benötigte Material ist billig und die Durchführung relativ einfach. Die Methode entspricht dem natürlichen Instinkt der Tiere und ermöglicht eine verläßliche Kontrolle der Überwinterungsbedingungen.

Ein Problem kann allerdings durch Überflutung bei heftigem Regen entstehen. In einem solchen Fall muß der Behälter sofort entleert und mit trockenem Substrat neu gefüllt werden.

Weitere Komplikationen können durch zu hohe Temperaturen ausgelöst werden. Zur Kontrolle eignet sich ein elektronisches Thermometer, das über einen Sensor mit dem Carapax des Tieres verbunden ist oder auch ein gewöhnliches Thermometer, welches sich auf gleicher Ebene mit dem Tier im Torf eingegraben befindet. Bei zu hohen Temperaturen kann die Torfoberfläche abgekühlt werden, indem man einen mit Eiswürfeln gefüllten Plastikbehälter darauf stellt. Dieser muß natürlich in regelmäßigen Abständen neu bestückt werden. Das Verfahren ist effektiv und simuliert die natürlichen Wetterbedingungen, kann sich aber bei längeren Warmwetterperioden als sehr zeitaufwendig erweisen.

Methode 4

Die Landschildkröte wird in einen Behälter mit isolierendem Material gesetzt und dieser in einem unbeheizten Schuppen oder einer Garage untergebracht. Dies ist die am häufigsten angewandte Methode, und sie diente auch dem Verfasser zur Ermittlung der meisten Versuchsdaten. Sie ist allerdings auch eine der schwierigsten, und wer sich für diese Methode entscheidet, muß große Sorgfalt walten lassen.

Ein einzelner Behälter ist hier ungeeignet. Bei einem Temperaturabfall würde sich die Schildkröte bis zum Grund durchgraben und somit auf dem kalten Boden sitzend mit ziemlicher Sicherheit Frostschäden davontragen. Daher stellt man zwei Behälter ineinander und füllt den Raum zwischen den Böden wenigstens 10 cm hoch mit einem guten Isoliermaterial. Geeignet sind hierzu Stroh, Papierstreu oder Styroporchips. Das heißt, daß die Mindestgröße des äußeren Behälters für eine mittelgroße Schildkröte 50 cm im Quadrat betragen muß. Dadurch wird das Tier weder warm noch kühl gehalten, jedoch werden z.B. die Temperaturunterschiede zwischen Tag und Nacht ausgeglichen. Länger anhaltende Temperaturveränderungen setzen sich allerdings trotzdem durch.

Diese Vorgehensweise bedeutet auch, daß die Schildkröte ihrem natürlichen Instinkt zum Erhalt einer geeigneten Körpertemperatur nicht mehr vertrauen kann. Deshalb muß der Pfleger diese Aufgabe übernehmen. Die angestrebte Körpertemperatur von 4 bis 5°C kann entweder mittels eines elektronischen Thermometers, das mit einem Sensor an den Carapax angeschlossen ist, oder auch mit einem Maximum/Minimum-Thermometer überwacht werden. Die Tages- und Nachttemperaturen des Raumes mit den Behältern müssen täglich kontrolliert werden. Der Durchschnitt dieser Werte ergibt die Körpertemperatur des Tieres. Entspricht diese nicht den angestrebten Werten, gibt es mehrere Korrekturmöglichkeiten. Zum einen können die Behälter an einem Ort mit geeigneteren Lufttemperaturen aufgestellt werden. Zum zweiten besteht durchaus die Möglichkeit, während des Tages die Fenster zu öffnen und so die Temperatur um einige Grade anzuheben. Andersherum kann die Temperatur durch nachts geöffnete Fenster gesenkt werden. Erweisen sich diese Maßnahmen als unzureichend, kann zur Anhebung der Temperatur ein Raumheizer benutzt werden, der für einige Zeit eingeschaltet wird. Für eine gegenteilige Wirkung können Eispackungen im doppelten Boden zwischen den Behältern untergebracht werden. Hierbei muß aber unbedingt ein elektronisches Thermometer zur Temperaturkontrolle verwendet werden, da normale Thermometer zu langsam reagieren.

Methode 5

Für Tiere, die zur Überwinterung konstant niedrige Temperaturen beanspruchen, benutzt der Londoner Zoo einen Kühlraum, der ständig überwacht wird. Der Gebrauch von Kühlanlagenzubehör ist zur Erzeugung von optimalen Bedingungen auch in häuslicher Umgebung gut geeignet.

Nach der Vorbereitungsphase wird die Landschildkröte in einen mit zerkleinertem Zeitungspapier oder ähnlichem gefüllten Behälter gesetzt. Dieser wird in einen entsprechend vorbereiteten Kühlschrank gestellt, wo genügend Raum zur Luftzirkulation vorhanden ist. Allerdings müssen hierbei zwei Aspekte berücksichtigt werden. Haushaltskühlschränke sind luftdicht verschlossen. Auch wenn überwinternde Schildkröten nur wenig Atemluft benötigen, werden sie ganz ohne solche bestimmt ersticken. Deshalb muß ein Teil der Türdichtung entfernt werden, damit ein Luftaustausch mit dem Innenraum stattfinden kann. Da erwärmte Luft immer nach oben steigt, ist ein normaler Kühlschrank in seinen unteren bereichen immer kälter als oben. Damit ist das Verhältnis hier genau umgekehrt zu dem natürlichen und auf welches der Instinkt der Schildkröte abgestimmt ist. Aufgrund dessen müssen die im Kühlschrank herrschenden Temperaturen regelmäßig an verschiedenen Stellen kontrolliert werden, um größere Temperaturschwankungen von oben nach unten auszuschließen. Der Kühlschrankthermostat muß ebenfalls dahingehend überprüft werden, daß er die Temperatur konstant bei 4 bis 5°C hält.

Einige Getränkehersteller bieten spezielle Kühlschränke zur Lagerung von Getränken für Wiederverkäufer an. Diese Geräte sind mit stabilen, verstellbaren Einlegeregalen ausgestattet, die ausreichend Platz für Schildkröten aller Größen bieten. Der große Vorteil liegt in der guten Luftzirkulation, die im gesamten Innern des Kühlschrankes für relativ gleichmäßige Temperaturen sorgt. Außerdem besitzen sie Glastüren, durch welche Tiere und Thermometer gleichermaßen gut beobachtet werden können, ohne dazu die Türen öffnen zu müssen. Sie sind zum Zweck der Winterruhe ausgezeichnet geeignet.

Obwohl diese Methode zweifellos teurer ist und eine längere Vorbereitungszeit in Anspruch nimmt als alle zuvorge-

Eine künstliche Vermeidung der Winterruhe ist möglich, jedoch nicht unbedingt empfehlenswert, denn ohne natürliche Winterruhe kann es zu Spätschäden, wie z.B. Fortpflanzungsstörungen kommen. Testudo hermanni "boettgeri". Foto Dr. W. Kirsche.

nannten, ist sie definitiv die beste. Ist ein Kühlschrank erst einmal präpariert, ist der Rest recht einfach, die Ergebnisse sind eindeutig positiv, und die Winterruhe ist von äußeren Einflüssen unabhängig.

Kontrolle

Welche Methode auch immer zur Anwendung kommt, sie verlangt in jedem Fall eine Kontrolle über den Verlauf. Das heißt, daß sofort nach der Winterruhe das Gewicht der Tiere überprüft werden muß. Je geringer der Gewichtsverlust, desto besser war die Vorgehensweise.

Überwinterung von Schlüpflingen

Oftmals haben Pfleger eine gefühlsmäßige Abneigung gegen das Überwintern von Schlüpflingen, denn sie wirken ja so klein und zerbrechlich. In der Natur schlüpfen Landschildkröten zwischen Mittsommer und Spätherbst und verbringen gleich danach ihren ersten Winter mit drei bis vier Monaten Winterschlaf. Nicht überwinterte Schlüpflinge neigen zu sehr schnellem Wachstum. Es kommt vermehrt zu Mißbildungen des Carapax, da die Bildung der normalen Jahresringe der Schilder verändert wird.

Der Verfasser überwintert deshalb seine Schlüpflinge regelmäßig. Ihre geringe Größe besagt lediglich, daß sie auf Temperaturschwankungen empfindlicher reagieren, was zu starkem Wasserverlust und entsprechenden Folgeproblemen führen kann. Deshalb muß einer konstant korrekten Temperatur besonders viel Aufmerksamkeit gewidmet werden. Auch der Gewichtsverlust muß regelmäßig überprüft werden, was bei einer Lufttemperatur von 4 bis 5°C geschehen sollte, damit die Tiere nicht aufwachen. Übersteigt der Gewichtsverlust 10%, ist es anzuraten, die Winterruhe zu beenden und die Tiere vorzeitig in eine sommerliche Umgebung zu überführen.

Beenden der Winterruhe

Wegen des relativ schnellen Wechsels von Winter zu Sommer in der Natur, reichen die Luft- und Sonnentemperaturen aus, um die Körpertemperatur der Schildkröte nach dem Erwachen recht schnell wieder auf die erwünschten 30°C anzuheben. So ist das Tier in der Lage, beinahe sofort wieder Nahrung aufzunehmen und die Nieren von den angesammelten Ausscheidungsprodukten zu befreien. In nördlichen Klimaten sind die Wetterverhältnisse in dieser Jahreszeit oftmals nicht so optimal. Deshalb ist es wichtig, daß den Tieren geeignete Lufttemperaturen und Sonnenplätze geboten werden, wenn sie aus der Winterruhe erwachen. Hierbei wird weitaus drastischer verfahren als bei der Vorbereitung zur Winterruhe, wo ein langsamer Übergang geeigneter ist. Einige Pfleger erachten die zuvor genannten überwinterungsverfahren als unwichtig, wenn die Landschildkröten den Sommer über optimal gepflegt wurden. Dem ist nicht so. Keine oder auch eine nachlässig durchgeführte Überwinterung wirken sich auf lange Sicht potentiell tödlich aus.

Vermeidung von Winterruhe

Wird eine Europäische Landschildkröte den Winter über unter künstlichen Sommerbedingungen gehalten, also bei durchschnittlichen Temperaturen um 20°C und Sonnenplätzen mit 35°C, bei einer Tageslänge von etwa 14 Stunden, wird sie sich nicht in die Winterruhe begeben. DasÜbergehen einer Überwinterung bereitet keine sofort auftretenden Probleme, kann aber auf lange Sicht eine Vielzahl an Schwierigkeiten hervorrufen. Bei adulten Tieren kann es zu Magersucht und Nierenleiden kommen, bei Jungtieren können Ernährungsprobleme auftreten. Auch die "innere Uhr" der Tiere wird beeinflußt, so daß es zu unnatürlichen Verhaltensweisen und einer Beeinträchtigung der Fortpflanzungsfähigkeit kommen kann.

Das Vermeiden der Winterruhe kann zum Gewinnen von Zeit dienlich sein, wenn z.B. ernsthafte Erkrankungen medikamentös behandelt werden müssen oder auch, damit sich ein Tier von einer solchen Behandlung erholen kann. In jedem Fall sollte aber eine Winterruhe auch dann nur hinausgezögert und nicht gänzlich übergangen werden.

ERNÄHRUNG

Die Angaben zur Ernährung von *Testudo graeca* in Gefangenschaft sind in den vergangenen zehn Jahren ständig revidiert und verfeinert worden. Die in diesem Kapitel gemachten Angaben unterscheiden sich somit auch etwas von denen, die der Verfasser noch vor 18 Monaten gemacht hätte. Der Grund dafür liegt in den stetig zunehmenden Erkenntnissen auf diesem Gebiet.

Als Pionier auf diesem Gebiet muß sicherlich Don Reid gelten. Anhand von etlichen Experimenten mit Schlüpflingen im Cotswold Wildlife Park bewies er, daß viele der merkwürdigen Syndrome, die in der Vergangenheit bei Schlüpflingen auftraten, tatsächlich nur durch eine unzureichende Ernährung ausgelöst wurden. Auch Andy Highfield vom "Tortoise Trust" publizierte eine umfassende Arbeit über die Ergebnisse seiner Forschungen auf diesem Gebiet. Zusammen mit eigenen Untersuchungsergebnissen ermöglichen diese Publikationen Schlußfolgerungen über die diversen Möglichkeiten, eine Landschildkröte richtig zu ernähren.

Wie eigene Untersuchungen des Verfassers zeigten, bestehen, von der Futtermenge abgesehen, keine Unterschiede in den Ernährungsansprüchen von Schlüpflingen und Adulti. Bei einer falschen Ernährung gibt es allerdings Unterschiede in den Auswirkungen. Lebt eine Landschildkröte zehn Jahre unter optimalen Ernährungsbedingungen in der Natur und wird dann nach ihrem Transport nach Nordeuropa unter unzureichenden Bedingungen gepflegt, zeigen sich die daraus resultierenden Probleme nur sehr langsam. Normalerweise dauert es zwischen 5 und 20 Jahre, bis die Auswirkungen eindeutig erkennbar werden. Dabei handelt es sich einerseits um klare Mangelerscheinungen und zum anderen um Phänomene, die gewöhnlich zunächst anderen Ursachen zugeschrieben werden.

Bei Schlüpflingen verhält es sich etwas anders. Sie zeigen die ersten Symptome einer falschen Ernährung generell innerhalb von zwei bis drei Wochen, und Todesfälle treten gewöhnlich 1 bis 36 Monate nach dem Schlupf auf. Der Grund für diesen Unterschied liegt darin, daß eine mangelhafte Ernährung normalerweise in einem anormalen Carapax- und Knochenwuchs resultiert. Eine importierte große Landschildkröte hat diese Strukturen bereits in der Natur entwickelt, ein Schlüpfling nicht. Sollte demzufolge ein Leser daran interessiert sein, auf diesem Gebiet eigene Versuche anzustellen, so ist es ratsam, solche mit Schlüpflingen anzustellen - anderenfalls könnte der Leser bereits verstorben sein, bevor die Ergebnisse sichtbar werden!

Die meisten von *Testudo graeca* bewohnten Habitate sind spärlich bewachsene, karge Gebiete. Landschildkröten sind opportunistische Fresser und ernähren sich von einer Vielzahl unterschiedlicher pflanzlicher Stoffe wie Blättern, Blüten und Früchten. Dieses Freßverhalten versorgt die Schildkröten mit den verschiedenen benötigten Vitaminen und Spurenelementen.

Landschildkröten fressen in der Natur gewöhnlich nicht die ganze Pflanze, sondern nur eine Blüte oder die saftigsten Blätter. Sie neigen dazu, während des Fressens Kot und Urin abzugeben. Dieses Verhalten hat in Gebieten mit spärlicher Vegetation einen hohen ökologischen Wert. Sie vernichten ihre Futterpflanzen nicht, sondern düngen und wässern sie, bevor sie weiterziehen. In der Gefangenschaft hat dieses instinktive Verhalten allerdings den Effekt, daß das Tier über den vom Pfleger angebotenen Grünfutterberg klettert und ihn dabei mit Ausscheidungen verschmutzt. Die häufig vorhandenen Innenparasiten werden dadurch effektiv verbreitet, und das Sauberhalten wird nicht gerade vereinfacht.

Ratschläge zur Ernährung

Grundsätzlich sollte proteinarmes, ballaststoffreiches Futter mit einem hohen Mineralstoff- und Vitamingehalt sowie größeren Mengen an Kalziumkarbonat angeboten werden. Nachfolgend werden Angaben über geeignete Futterarten gemacht.

Wildpflanzen

Den Hauptanteil der Ernährung sollte eine Auswahl wildwachsender Kräuter, Blätter und Blüten bilden, die jahreszeitlich bedingt verfügbar sind und von den Schildkröten akzeptiert werden. Drei Pflanzenarten, die von den Tieren in der Natur gefressen werden und die auch in Nordeuropa wachsen, sind Löwenzahn, Gänsedistel und Klee. Wie Experimente beim Verfasser gezeigt haben, verweigern Landschildkröten die Annahme von für sie giftigen Pflanzen strikt, was einem die Möglichkeit gibt, ohne Risiko verschiedene Pflanzen der Abwechslung halber anzubieten. Löwenzahn wächst am besten in kargem Boden, Klee bevorzugt in humusreicher Erde.

Kultiviertes Gemüse

Neben Wildpflanzen können alle auch für den Menschen geeigneten grünen Gemüse verfüttert werden. Dazu gehören alle Arten von Kohl, Spinat, Kresse, Wasserkresse, Broccoli, Blumenkohl, Bohnen, Erbsen, gekeimte Samen und ähnliches. Dabei sollte jedoch stets bedacht werden, daß die Verdauung der Schildkröte bei proteinarmer, ballaststoffreicher Nahrung besser funktioniert, Kulturpflanzen aber generell einen höheren Proteingehalt und weniger Ballaststoffe besitzen als Wildpflanzen. Im zeitigen Frühjahr sowie im Spätherbst und Winter, wenn Wildpflanzen kaum zu finden sind, stellen Gemüsesorten eine akzeptable Alternative zu Wildpflanzen dar. Sie eignen sich darüberhinaus auch gut als Zusatzfutter.

Gras

Europäische Landschildkröten sind scheinbar nicht fähig, Zellulose, den Hauptbestandteil von Gräsern, zu verdauen. Beim Fressen von Pflanzen wie Klee wird Gras aber oftmals mitgefressen. Es gibt Hinweise dafür, daß Gras somit zwar keinen Beitrag zur Ernährung darstellt, als Ballast- und Füllstoff der Verdauung aber dennoch zuträglich ist.

Vitamine und Mineralstoffe

Das in der Natur aufgenommene Futter ist generell reicher an Vitaminen und Spurenelementen als alle in Nordeuropa beschaffbaren Futterarten. Landschildkröten sind sehr langlebig, und leichte Mangelerscheinungen können sich erst sehr spät zeigen. Deshalb ist es unbedingt ratsam, das Futter regelmäßig mit kleinen Mengen von Vitamin- und Mineralstoffen anzurei-

Bei der Freilandhaltung findet die Schildkröte ausreichend Futter. Während der Terrarienhaltung kann eine Mineralstoffversorgung durch aufstreuen eines Mineralpulvers auf das Futter erzielt werden.
Foto B. Kahl.

chern. Wenngleich jedes dieser Präparate nützlich ist, so ist eines mit möglichst vielen Bestandteilen doch das beste. Es gibt eine Anzahl von ausgezeichneten Produkten, die speziell für Reptilien hergestellt und in guten Zoofachgeschäften erhältlich sind.

Salatzutaten

Kopfsalat, Grüne Gurke und Tomaten sind Hybridgewächse, die für den menschlichen Verzehr gezüchtet wurden. Diese Pflanzen wurden zu dem Zweck entwickelt, appetitlich auszusehen, wohlschmeckend und schnellwüchsig zu sein. Dieser Umstand macht sie nicht nur preiswert, sondern sichert ihnen auch einen geringen Nährstoffgehalt, was sie zu einer idealen Ernährung für übergewichtige Europäer macht - nicht aber für Landschildkröten. Appetitlich aussehend, duftend und wohlschmeckend werden sie von Schildkröten gerne gefressen und sind deshalb gut dazu geeignet, andere Futterarten attraktiver erscheinen zu lassen. Sie sollten aber nicht den Hauptanteil der Ernährung ausmachen.

Milchprodukte

Milch wird von Säugetieren zur Aufzucht ihrer Jungen produziert. Reptilien erzeugen keine Milch, und der Organismus einer Landschildkröte ist nicht auf eine Verwertung von Milch und Milchprodukten wie Butter, Käse und Joghurt ausgerichtet. Es gibt sogar zunehmend Hinweise darauf, daß das Verfüttern von Milchprodukten über einen längeren Zeitraum bei Schildkröten zu tödlichen Leberschäden führt.

Industrieprodukte

Hier liegen nur wenige Erfahrungswerte vor, aber rein instinktiv empfindet der Verfasser Brot, Kuchen, Marmelade und ähnliche Nahrungsmittel nicht als eine Bereicherung des Speiseplans für eine Landschildkröte. Es ist grundsätzlich ratsam, auf alles zu verzichten, was Zucker oder Salz enthält.

Fleisch

Fleisch ist stark proteinhaltig. Einige Landschildkröten akzeptieren Fleisch in Form von Hunde- oder Katzenfutter, doch kann es bei einer regelmäßigen Ernährung mit diesem völlig unnatürlichen Futter zu Problemen kommen, die letztlich zu ernsthaften Gesundheitsschäden ausarten. Der erhöhte Proteinanteil resultiert in einer starken Vermehrung von Darmorganismen, die wiederum zu Magen-Darm-Störungen oder Problemen mit Innenparasiten führen können. Für ein normales Wachstum, insbesondere von Carapax und Knochenbau, ist das Protein- Kalzium-Verhältnis besonders wichtig. Wird Fleisch in die Ernährung einbezogen, gerät dieses Verhältnis aus dem Gleichgewicht. Dadurch kommt es zu Osteodystrophie (Knochenerweichung) und/oder anormaler Carapaxentwicklung. Eine regelmäßige Zufuhr von viel Protein verursacht darüberhinaus auch letztendlich tödlich endende Leberschäden.

Kalzium

Im Vergleich mit den meisten Gebieten in Nordeuropa sind die natürlichen Habitate von *Testudo graeca* extrem kalziumreich. Das Atlas-Gebirge in Marokko hat eine Hunderte von Metern dicke Kalksteinschicht, und ähnlich verhält es sich mit Gebieten in Israel, Syrien, der Türkei, im Iran und in Algerien. Wo immer Landschildkröten leben, gibt es entweder Kalksteinhügel oder Binnenbecken, wo aus den Bergen kommende, kalziumhaltige Flüsse aufgefangen werden, das

Wasser verdunstet und so Kalzium abgelagert wird. Die in diesen Gegenden wachsenden Pflanzen besitzen daher ebenfalls einen hohen Kalziumgehalt, und die Schildkröten fressen darüberhinaus aktiv kleine Kalksteinstücken.

Die harten Teile einer Schildkröte wie Carapax, Plastron, Schuppen, Krallen, äußere Maulpartien und Skelett, werden aus Kalkverbindungen, hauptsächlich aber aus Kalziumphosphat gebildet. Diese Körperteile machen etwa ein Drittel des Gesamtgewichts des Tieres aus. Menschen nehmen das meiste Kalzium über Milch und Fleischprodukte auf - Nahrungsmittel, die für Schildkröten ungeeignet sind. Sie beziehen ihr Kalziumkarbonat hingegen aus Kalkstein, ihren Phosphor aus grünen Blättern, Vitamin D aus Blättern und Vitaminpräparaten und produzieren so Kalziumphosphat. Auch können sie Vitamin D im Körper mit Hilfe der ultravioletten Strahlung des Sonnenlichts erzeugen. Ist eine dieser Zutaten nicht in ausreichender Menge verfügbar, kommt es besonders im Zusammenhang mit einer proteinhaltigen Ernährung zu Knochenerweichung (Osteodystrophie).

Bei importierten Adulti sind dabei folgende Symptome erkennbar:

1) Die Krallen sind eher gebogen oder verdreht anstatt gerade.

2) Die Wachstumszonen um die Schilder sind unterentwickelt.

3) Mechanische Verletzungen an Carapax, Krallen oder Plastron heilen nicht.

4) Wird das Tier bei angemessenen Temperaturen und einer geeigneten Ernährung gehalten, bilden sich um die Schultern und Hüften Fettpolster.

5) Das Zerbeißen von harten Kalziumkarbonatstücken hält die Ränder des Mauls in Form. Daher zeigt sich Kalziummangel gewöhnlich auch in einem Überwuchs des Oberkiefers. Das bewegliche Rückteil des Plastrons ist besonders bei den Weibchen eine Hilfseinrichtung für die Eiablage und kein Anzeichen für Knochenerweichung!

Bei Schlüpflingen sind die bei einer Osteodystrophie auftretenden Probleme schwerwiegender, denn sie besitzen noch kein hartes und ausgebildetes Skelett. **Anzeichen sind:**

1) Carapax und Plastron härten nicht richtig aus.

2) Die Carapaxschilder wachsen eher pyramidenförmig als gleichmäßig abgerundet.

3) Die Maulränder härten nicht aus, weshalb das Tier nur relativ weiche Nahrung aufnehmen kann. Daraus entstehen ständig größer werdende Ernährungsprobleme, die letztlich in Magersucht und Tod enden. Dieser Prozeß dauert zwischen einem und 18 Monaten.

4) Überlebt ein Jungtier diese Magersuchtphase, erhält aber weiterhin eine kalziumarme Diät, kommt es zum Absinken des Knochenunterbaues unter den pyramidenartigen Schildern. Dadurch verkleinert sich das Volumen des Brustraumes, der normalerweise den Lungen zur Verfügung steht, und es treten Atembeschwerden auf. Gelegentlich kommt es deshalb zu Todesfällen.

Als dieses Buch entstand, war Osteodystrophie die hauptsächliche Ursache für Todesfälle unter Schlüpflingen. Bei adulten Tieren liegt die Ursache schwerpunktmäßig im fehlenden Verständnis für akkurate Temperaturbedingungen.

Für Landschildkröten in Gefangenschaft sollte Kalziumkarbonat einen festen Bestandteil in der Ernährung darstellen. Die benötigten Mengen sind dabei generell größer, als den meisten Pflegern bewußt ist. Es handelt sich hierbei um kein Medikament, sondern um Nahrung. Es ist das Rohmaterial, aus dem die Landschildkröte die harten Teile ihres Körpers bildet. Der Verfasser hat Versuche durchgeführt, um das Minimum- und Maximummaß für eine Kalziumversorgung herauszufinden. Zu wenig hat weitreichende, langfristig lebensgefährdende Auswirkungen. Ein Zuviel scheint hingegen nur geringfügige Probleme auszulösen. Das Verfüttern einer Menge ähnlich dem Gewicht aller anderen Futtersorten führt zu keinerlei Krankheitsanzeichen. Werden so große Mengen Kalzium verfüttert, daß das Verdauungssystem sie nicht mehr bewältigen kann, kommt es zu Verstopfung. Dieser Zustand legt sich jedoch wieder, wenn die Menge reduziert wird.

Das Wachstum des Carapax sollte aufmerksam beobachtet werden, um sicher zu stellen, daß er sich wie in der Natur normal ausbildet. Ist das der Fall, so sind die verfütterten Mengen optimal. Man beginnt am besten mit einer Zugabe von 10% des angebotenen Futtergewichts. Die einfachste Methode ist das Verfüttern von sauberen, zerkleinerten Eierschalen, die über das Futter gestreut werden. Für den eigenen Geschmack mag das etwas abwegig klingen, Schildkröten scheinen es aber zu mögen. Eine Alternative dazu ist zermalene Sepiaschale. Selbstgesammelte Sepiaschalen riechen streng nach Fisch, was einer im Inland lebenden Schildkrö-

te völlig fremd ist. Dieser Geruch kann aber durch wiederholtes Einweichen der Sepiaschale in Süßwasser und anschließendes Trocknen ausgespült werden. Man kann sie zu diesem Zweck auch längere Zeit Regen und Sonne aussetzen, d.h. draußen liegen lassen. Der Verfasser bietet gewöhnlich Sepia- oder Eischale zusätzlich zum kalziumbestäubten Futter an.

Eine weitere gute Möglichkeit ist Kalksteinmehl, das aus sauberem, zerstoßenem Kalkstein (Kalziumkarbonat) besteht. Es wird in der Lebensmittelindustrie benutzt, um Brot aufzuhellen und kann direkt über den Hersteller, allerdings nur in Säcken zu 25 kg, gekauft werden.

Der Verfasser hat ebenfalls sterilisiertes Knochenmehl (Kalziumphosphat) ausprobiert, fand aber heraus, daß die Tiere, obwohl sie es willig fressen, einen enormen Durst entwickeln und unnatürlich wachsen. Vermutlich ist dies eine Folge des hohen Phosphorgehalts.

Einige Pfleger haben Versuche mit Kalziumprodukten für den menschlichen Organismus unternommen. Diese werden meistens in Form von Kalziumlaktat angeboten, das aus Milchpulver hergestellt wird. Wegen der bekannten Langzeitrisiken durch Milchprodukte hat der Verfasser jedoch Versuche in dieser Richtung strikt abgelehnt und kann deshalb aber auch keine Belege für Mißerfolge oder Erfolge bei der Verwendung derartiger Präparate vorweisen.

Trinken

Der menschliche Körper muß den durch Schwitzen und Urinieren entstehenden Wasserverlust ständig ersetzen. Das heißt, der Mensch muß trinken. Landschildkröten sind hingegen an ein Leben in wasserarmen Gebieten angepaßt, weshalb gesunde Landschildkröten nicht trinken! Sie verlieren kein Wasser durch Schwitzen, und ihre Nieren teilen das, was beim Menschen als Urin ausgeschieden wird, in sozusagen klares Wasser und eine weiße, kremige Substanz, die eine Harnsäureverbindung enthält. Wasser scheiden sie nur aus, wenn sie über einen Wasserüberschuß verfügen. Auch wenn die gefressenen Pflanzen scheinbar trocken sind, decken sie den Wasserbedarf der Tiere doch völlig.

Gelegentlich trinken Landschildkröten ausgiebig, um aufgenommene Chemikalien aus den Nieren zu spülen. Das passiert zum Beispiel wenn eine Antibiotikabehandlung vorgenommen wurde und sich die Wirkstoffe in den Nieren abgelagert haben. Dieses Verhalten tritt jedoch auch bei einer zu hohen Harnstoffkonzentration in den Nieren durch falsche Haltungstemperaturen auf.

In beiden Fällen sollte ausreichend Wasser angeboten werden. Das Tier muß erst auf eine optimale Körpertemperatur erwärmt werden, wird dann unter Aufsicht in eine flache Schüssel mit sauberem, lauwarmem Wasser gesetzt, wo man es für 5 bis 10 Minuten beläßt. Das Anbieten einer flachen Wasserschale ist gewöhnlich nutzlos; es wird nur verschüttet. Man wiegt das Tier vor und nach dem Tränken und ermittelt durch den Gewichtsunterschied die aufgenommene Wassermenge. Landschildkröten trinken ohne Unterbrechungen zum Luftholen, bis ihr Bedarf gestillt ist.

Bei der Freilandhaltung müssen den Landschildkröten ausreichend Unterschlupfmöglichkeiten geboten werden, damit sie jederzeit die Möglichkeit haben, vor zu starker Sonneneinstrahlung oder Unwettern zu flüchten. Eine ausreichende Versorgung mit Frischwasser muß immer gewährleistet sein.
Foto S. Miller.

SINNESORGANE

Es gibt bemerkenswert viele Falschinterpretationen darüber, wie Tiere im Allgemeinen und Landschildkröten im Speziellen ihre Umwelt wahrnehmen und sich untereinander verständigen. Manch ein Pfleger neigt zu der Ansicht, daß ihre Tiere ihre Umwelt in gleicher Weise wie Menschen wahrnehmen und mit ähnlichen Instinkten reagieren. Offensichtlich ist diese Annahme recht weit verbreitet. Die meisten Angaben in diesem Kapitel können von jedem Landschildkrötenpfleger nachvollzogen werden. Es ist dabei allerdings stets zu bedenken, daß eine warme und gesunde Landschildkröte schnelle und positive Reaktionen zeigt, wohingegen ein unterkühltes oder krankes Tier lethargisch ist und langsam reagiert.

Gehör

Landschildkröten besitzen beiderseits des Kopfes hinter den Augen liegende Ohröffnungen. Steht man an einem Platz, wo das Tier einen weder sehen noch riechen kann und verursacht ein gut hörbares Geräusch, reagiert das Tier überhaupt nicht. Es scheint tatsächlich taub zu sein. Viele Pfleger machen Äußerungen wie: "Meine Landschildkröte kommt, wenn ich sie rufe". Das mag auf einige Tiere zutreffen, generell aber benutzt eine Landschildkröte ihren Geruchssinn und ihre Sehkraft zum Erkennen, nicht ihr Gehör. Bei Versuchen, ein Tier ohne Geräusche zu "rufen", nämlich durch Handbewegungen und andere Gesten, wird man eine positive Reaktion feststellen können. Einige Experimente haben ergeben, daß Landschildkröten Töne auf sehr tiefer Frequenz hören können. Sie sollen scheinbar auch Schritte wahrnehmen können, nur fehlen jegliche Angaben darüber, ob sie dies durch ihren Geruchssinn, das Gehör, Vibration oder den Gleichgewichtssinn erreichen.

Gleichgewicht

Balance ist für die Landschildkröte nicht nur für das Laufen wichtig. Sie befähigt das Tier auch, beim Graben die richtige Richtung zu wählen, wozu die anderen Sinnesorgane nur noch von untergeordnetem Nutzen sind. Hält man eine Landschildkröte so in der Hand, daß sie einen ansieht und bewegt ihren Körper dann langsam in die eine oder andere Richtung, wird sie versuchen, ihren Kopf durch Verdrehen immer horizontal zu halten. Bei einer über Steine oder Treppen kletternden Schildkröte kann man beobachten, wie sie bei jeder seitlichen oder Vorwärts-Rückwärtsbewegung ihren Gleichgewichtssinn ausgleichend einsetzt.

Sehvermögen

Zwischen dem menschlichen Sehvermögen und dem einer Landschildkröte gibt es erstaunliche Unterschiede. Sehen ist für Schildkröten wichtig, dient aber in erster Linie als frühzeitiges Warnsystem und als Unterstützung des Hauptsinnes, dem Geruchssinn. Die Augen befinden sich seitlich im Kopf und verfügen über eine Rundumsicht von 300°; der Sehwinkel des Menschen beträgt nur 160°. Das heißt, daß es nahezu unmöglich ist, sich einer Schildkröte aus welcher Richtung auch immer zu nähern, ohne dabei gesehen zu werden. Es bedeutet aber auch, daß die Sehschärfe nach vorne schlechter als beim Menschen ist. Schon viele Pfleger haben beobachtet, daß ein Tier Schwierigkeiten beim Erkennen von Futter hat, besonders wenn dieses weniger als etwa 3 cm von der Nase entfernt liegt.

Im Vergleich mit dem menschlichen Auge reagiert das der Schildkröte zwar sehr sensibel auf Bewegungen, kann aber Farben und Details nur schlecht erkennen. Steht man bewegungslos vor einer Schildkröte, wird man zu einem Teil des Hintergrundes und somit für das Tier unsichtbar.

Geruchssinn

Der Geruchssinn einer Landschildkröte ist viel besser ausgebildet als beim Menschen. Für ihn ist dieser Umstand nur schwer vorstellbar, denn seine Umwelt besteht hauptsächlich aus visuellen Wahrnehmungen. Die Schildkröte empfindet ihren Lebensraum durch den Geruch, wofür uns selbst die richtigen Worte zum Beschreiben fehlen. Nimmt eine Landschildkröte in ihrem Sichtfeld eine Bewegung war, "erstarrt" sie und stemmt sich auf ihre Vorderbeinen, um eine höhere Position zu erreichen. Dann schiebt sie ihren Hals vor und hebt den Kopf so hoch wie möglich. Nun beginnt das Tier schnell durch die Nase ein- und auszuatmen. Dadurch erhält sie ein "Bild" ihrer Umgebung. Ist eine Schildkröte kalt oder krank und ihre Reaktionen daher verzögert, verstehen viele Pfleger den entsprechend langsameren Bewegungsablauf als Aufforderung des Tieres, liebkost werden zu wollen. Zieht sich das Tier dann ebenso langsam zurück, hat es scheinbar genug Aufmerksamkeit erhalten und diese genossen. Die Liebkosung einer gesunden, aktiven Landschildkröte resultiert hingegen gewöhnlich in einem schnellen Einziehen von Kopf und Beinen und einem aggressiven Fauchen.

Untersuchungen und Tests, speziell mit blinden Landschildkröten ergaben, daß diese allein mit ihrem Geruchssinn Eßbare von ungenießbaren Futterpflanzen unterscheiden können. Ebenso können sie genau wie ein Hund jeder Geruchsspur folgen. Trächtige Weibchen suchen auf diese Weise geeignete Eiablageplätze, die auch die erforderlichen Temperaturen bieten. Die naheliegende Schlußfolgerung daraus ist, daß sogar die Bodentemperatur mit dem Geruchssinn ermittelt wird.

Diese scharfe Geruchswahrnehmung erlaubt es der Landschildkröte, Dinge zu tun, die dem Menschen unmöglich sind. So kann eine Landschildkröte selbst bei Windstille Menschen, andere Schildkröten oder Tiere auf der anderen Seite einer entfernten, undurchsichtigen Wand "sehen" und sie sogar als Individuen erkennen. Eine sehr effektive Methode, um sich vor Feinden zu verstecken und zu wissen, wann man das Versteck wieder gefahrlos verlassen kann. Sollte es zu diesem Zweck jedoch nötig sein, den Kopf zu heben, könnte das auch die letzte Möglichkeit zu jeglicher Bewegung gewesen sein! Eine Landschildkröte kann der Geruchsspur anderer Landschildkröten folgen, was das schnelle Auffinden der besten Sonnen-, Futter- oder Versteckplätze, von Paarungspartnern oder Rivalen erleichtert.

Tastsinn

Einige Pfleger scheinen der Auffassung zu sein, daß Schildkröten aufgrund ihres harten Panzers und ihrer Körperbeschuppung keinen Berührungssinn besitzen. Diese Annahme ist falsch. Bei einer Injektion zuckt die Landschildkröte genau wie ein Mensch zusammen. Würden sie durch ihren Carapax keine Gefühle wahrnehmen können, würden sie bei ihren Territorial- und Werbungskämpfen hart aufeinanderprallen. Jeder aufmerksame Beobachter wird Reaktionen auf Berührungen erkennen können. Die Tatsache, daß eine Schildkröte nicht zu Lautäußerungen fähig ist, veranlaßte so manchen Schwachdenker zu der Annahme, daß kein Wehlaut mit nicht schmerzempfindend gleichzusetzen sei. Heutiges Wissen macht jedoch auch diese Aussage zu einer Unwahrheit. Zum Glück sieht man heute nur noch selten angeleinte Landschildkröten.

Um das Wahrnehmungsvermögen und Verhalten einer Landschildkröte besser verstehen zu können, muß man sie eingehend beobachten. Allerdings muß man sich dabei ruhig, leise und geduldig verhalten, so daß das Tier sich nicht beobachtet fühlt. Man kann von keinem Tier ein natürliches Verhalten erwarten, wenn ein etwa 40 mal größeres Wesen dicht neben ihm steht! So wie die meisten Menschen das Verhalten einer Schildkröte nicht verstehen, wird auch sie kaum die menschlichen Beweggründe für ein bestimmtes Verhalten begreifen.

VERHALTEN

Einige Tiere wie Antilopen sind Herdentiere, deren Instinkte sie zum eigenen Schutz in großen Gruppen zusammenführen. Andere Tiere wie Hyänen sind Rudeltiere. Ihre Instinkte lassen sie in kleinen Gruppen zusammen leben und gemeinsam jagen. Wieder andere wie Sittiche leben in sehr enger Bindung in Einehe. Als Menschen teilen wir diese Instinkte auf unterschiedliche Weise. Wir können mehr oder weniger verstehen, was diese Instinkte auslöst, jedoch wissen wir nur selten um ihre Intensität.

Die Instinkte von Europäischen Landschildkröten unterscheiden sich von allen anderen. Sie sind territoriale Einzelgänger. Einer der Hauptinstinkte einer Landschildkröte ist es, ein Territorium zu kontrollieren und rivalisierende Landschildkröten daraus zu vertreiben. Der Mensch hat Probleme, dieses Verhalten zu verstehen, auch wenn die Beweggründe durchaus plausibel sind. Viele Schildkrötenpfleger versuchen, typisch menschliche Emotionen und Gefühle auf ihre Schildkröten zu übertragen, jedoch zeigen schon verhältnismäßig einfache Verhaltensexperimente, wie falsch das ist. Beispielsweise hört man oft Äußerungen wie: "Meine Schildkröte frißt nicht gut, weil sie keinen Partner hat.". In jedem Versuch mit vergleichbar gesunden oder auch kranken Tieren wird sich jedoch immer zeigen, daß Einzeltiere stets mehr als in Gruppen gehaltene fressen! Auf den folgenden Seiten soll versucht werden, einen möglichst tiefen Einblick in die Verhaltensweisen von *Testudo graeca* zu vermitteln, der sich aus Beobachtungen über mehr als 12 Jahre ergeben hat.

Neugier

Eine einzelne, natürlich warme und gesunde Landschildkröte wird ein neues Territorium genau erkunden. Sie sucht nach Futterpflanzen, Versteckplätzen und dem wichtigsten, näm-

Mehrere Schildkröten, auch verschiedene Arten, können zusammen gehalten werden. Erwachsene Männchen erheben jedoch Anspruch auf ein eigenes Territorium und verteidigen dieses gegenüber Artgenossen. Hier kreuzen zwei größere Testudo marginata den Weg von zwei kleineren Testudo horsfieldi.
Foto Dr. W. Kirsche.

lich dem besten Sonnenplatz. Diese Erkundungsphase dauert etwa ein Jahr. In der darauf folgenden Zeit benutzt sie ihr Erinnerungsvermögen und wird so immer erfolgreicher dabei, zur rechten Zeit am richtigen Platz zu sein. Dieser Prozeß hat zwei Hauptkonsequenzen. Erstens erleidet das Tier bei einer Umsetzung einen Rückschlag, weshalb es während der Urlaubszeit oder bei anderweitiger Abwesenheit des Pflegers zu empfehlen ist, die Tiere nicht an einen anderen Ort zu verbringen, sondern einen Urlaubspfleger für die Pflege vor Ort zu engagieren. Zum zweiten entwickelt das Tier eine enge Bindung an sein ihm völlig bekanntes Territorium. Wird ein anderes Tier hinzugesetzt, wird der ursprüngliche Besitzer des Territoriums seinem Nebenbuhler das Leben so schwer wie nur möglich machen.

Territorialverhalten

Dieses besteht gewöhnlich aus Jagen, "Ringen" und Beißen. Dieser Instinkt ist bei den Männchen stärker ausgebildet als bei den Weibchen und wirkt sich unter sich einander fremden Tieren drastischer aus als bei aneinander gewöhnten. Gelegentlich werden auch andere Taktiken angewandt. Eine kleine aber aggressive Landschildkröte, die erkennt, daß sie einen "Ringkampf" mit einem größeren Rivalen nicht gewinnen kann, wird mitunter versuchen, diesen auf den Rücken zu drehen oder ihn aus einem toten Winkel heraus anzugreifen.

Für ein adultes Schildkrötenmännchen ist der Besitz eines Territoriums ausgesprochen wichtig. Es braucht einen Platz zum Sonnenbaden und Verstecken, sowie Pflanzenwuchs als Nahrung. Es wird sein Territorium energisch verteidigen und mit seinem vorderen Plastron immer wieder in die hinteren Teile des Carapax seines Gegners stoßen. Bleibt das erfolglos, versucht es, in die Gliedmaßen des Kontrahenten zu beißen, manchmal sogar in Kopf und Hals. Reagiert der Angegriffene daraufhin mit Weglaufen, ist der Kampf gewonnen. Zieht er stattdessen Kopf und Beine ein, fordert er so die letzte Maßnahme heraus und wird bestiegen. So verteidigt eine Landschildkröte ihren Besitzanspruch auf ein Territorium, welches mittels Geruchsmarken abgesteckt ist. Wächst das Tier heran, so nehmen auch die Futter- und Platzansprüche zu. Kann ein großes Revier mit ausreichendem Futterangebot erfolgreich verteidigt werden, steht dem weiteren Wachstum des Tieres nichts im Wege.

Weibchen verhalten sich manchmal in gleicher Weise, besteigen sich sogar, was dann scheinbar wie eine Paarung wirkt. Dieses Vorgehen hat bei einigen Pflegern, die es als ein rein sexuelles Verhalten ansahen, für große Verwirrung gesorgt. So wurden fälschlicherweise Männchen für Weibchen und Weibchen für Männchen gehalten - manch einer glaubte sogar, im Besitz von homosexuellen Tieren zu sein!

Rangordnung

In ungestörter Natur umfassen die größten bisher gesichteten Kolonien von Europäischen Landschildkröten maximal 80 Tiere auf einem Hektar Land. Das entspricht etwa einem Platzangebot von 125,5 Quadratmetern pro Tier - Schlüpflinge eingeschlossen. In Gefangenschaft werden Landschildkröten häufig in einer vielfach höheren, manchmal sogar unglaublichen Besatzdichte gehalten. Das muß dann natürlich große Einflüsse auf das Verhalten der Tiere haben. Bei einem beschränkten Platzangebot, z.B. in einem normalen Garten, ist ein normales Territorialverhalten langfristig unmöglich, und die Verlierer aus den Revierkämpfen haben keinen Platz, um sich zurückziehen zu können. Dieses Problem wird gewöhnlich, aber nicht ausschließlich, durch eine Rangordnung gelöst. Kräftigere und aktivere Tiere werden dominant. Zur Feststellung der Dominanz wird gerungen, bestiegen und auf unterlegene Tiere ejakuliert. Die unterlegenen Schildkröten zeigen ihre Position an, indem sie den dominanten die größten Flächen überlassen und ihnen Vorrechte auf Sonnenplätze, Futter und Weibchen einräumen. Eine sehr interessante Beobachtung zeigt, daß untergeordnete Tiere sich einer Grabstelle in ihrem Terrain erst nähern, wenn das dominierende Tier, meistens ein Männchen, diese untersucht und mit seiner Geruchsmarke versehen hat.

Sexualverhalten

In der Natur ist die erste Reaktion eines Männchens, das auf ein Weibchen trifft: "Verschwinde aus meinem Territorium!". Geschlechtsreife Weibchen verfügen jedoch über einen Duft, der Männchen sexuell stimuliert. So ändert sich sein Verhalten, und er versucht, das Weibchen zunächst zu erregen und dann zu besteigen. Ist er erfolgreich, findet eine Paarung statt. Während der Ejakulation öffnet das Männchen weit das Maul und gibt hohe, miauende Töne von sich. Danach zieht sich das Weibchen normalerweise zurück. Der anregende Duft wird vom Weibchen nur für kurze Zeit abgeben, und hat sie sich erst einmal zurückgezogen, kommt sie nicht mehr zurück.

Dieses Sexualverhalten zeigen die Tiere in unregelmäßigen Intervallen das ganze Jahr hindurch; es ist jedoch im Frühjahr öfter als im Herbst zu beobachten. Die Verhaltensabläufe in dieser Phase sind jenen des Territorial- und Rangverhaltens sehr ähnlich, so daß viele Pfleger alle Aktivitäten einzig dem Fortpflanzungstrieb zuordnen. Sorgfältigere Beobachter werden jedoch leichte Unterschiede entdecken. Wenn ein Männchen ein Weibchen erwählt hat, hat es gewöhnlich mehr damit zu tun, sie am Weglaufen zu hindern als sie zu animieren. Zu diesem Zweck setzt das Männchen am Hinterbein des Weibchens einen Haltebiß an, der in diesem Fall rein sexueller Natur ist. Bei Territorialkämpfen wird hingegen richtig und in jedes nur erreichbare Körperteil gebissen.

Besonders auf den Kopf ausgerichtete Bisse scheinen immer ein Zeichen für einen Revierkampf zu sein.

Zwischen den sexuellen Verhaltensweisen von Männchen, Weibchen, trächtigen Weibchen und Schlüpflingen, sowie von gesunden und kranken Tieren, gibt es Unterschiede.

A) Männchen

Gesunde Schildkrötenmännchen sind oftmals ausgesprochen aggressiv. Es ist deshalb wichtig, die Männchen einzeln unterzubringen oder zumindest separate Behältnisse für den Notfall verfügbar zu haben.

B) Weibchen und Schlüpflinge

Im Vergleich mit den Männchen sind Weibchen und Schlüpflinge relativ verträglich und können in Gruppen gehalten werden. Sie akzeptieren das Zusammenleben mit anderen und ignorieren sich einfach gegenseitig. Kampfhandlungen tre-

Größere Schildkröten, wie diese beiden Geochelone pardalis, vergreifen sich nicht an der kleineren Testudo horsfieldi. Besonders Weibchen und Schlüpflinge sind sehr gut miteinander verträglich und können in größeren Gruppen zusammengehalten werden. Probleme treten nur bei der Pflege mehrerer Männchen in einem zu kleinem Gehege auf. Foto Dr. W. Kirsche.

ten gewöhnlich nur dann auf, wenn ein fremdes Tier in die Gruppe gesetzt wird. Aber auch dann kommt es nur zu ernsthaften Problemen, wenn der Neuling krank ist und die eingelebten Tiere dominant sind.

In der Natur beginnt das Leben junger Landschildkröten sofort nach dem Schlupf mit der Suche nach Futter und Kalzium, dann folgen Sonnenbäder und bald darauf schon die erste Winterruhe. Eine Veränderung dieses Verhaltens tritt besonders bei Männchen auf, wenn normalerweise im Alter von etwa fünf Jahren die Geschlechtsreife erreicht wird. Zuerst entwickelt sich der Territorialinstinkt, dann erst der Sexualinstinkt.

Verhalten im Terrarium

Natürlich treten alle bisher diskutierten Verhaltensweisen nicht nur in der Natur, sondern auch im Terrarium auf. Trotzdem gibt es gesundheits- und platzbedingte Unterschiede. Generell werden Landschildkröten im Terrarium auf kleinerem Raum dichter zusammengehalten, was sich offensichtlich auf ihr Verhalten auswirkt. Gesunde Männchen kämpfen gelegentlich wie besessen, da der Verlierer keinen Platz zum Ausweichen hat. Manchmal halten diese Schlachten für unbestimmte Zeit an, und es zeichnet sich keine Rangordnung ab. Das dominierende Tier erwirbt zwar den Anspruch auf den besten Sonnenplatz, es ist der erste bei Tisch und hat auch bei der Weibchenwahl den Vorrang - der Verlierer gibt sich jedoch nicht geschlagen, denn er kann nicht ausweichen. Er lebt ein hartes Leben!

In der Natur geht ein Weibchen nach vollzogener Paarung ihren eigenen Weg. In der räumlich begrenzten Terrariumhaltung ist das jedoch nicht möglich. Hier ist der anregende Duft des Weibchens allgegenwärtig in den Nasen der Männchen, die fortwährend neue Paarungsversuche unternehmen, nicht fressen und auch die Weibchen nicht fressen lassen.

Diese Abweichung vom natürlichen Verhalten beeinflußt natürlich das Wohlbefinden der ganzen Gruppe. Unterdrückte Männchen leiden unter dem Mangel an Sonnenbädern und Futter. Dominante Tiere fressen von sich aus zu wenig und leiden so ebenfalls, und den Weibchen werden Futter und Sonnenbaden von den Männchen unmöglich gemacht. Kann dieses unnatürliche Verhalten nicht durch geeignetere Haltungsbedingungen unterbunden werden, ist ein Konditi-

onsabfall in der gesamten Gruppe die Folge. Mit abnehmender physischer Kondition der Landschildkröten läßt auch das veränderte Verhalten nach. Die Tiere leben dann scheinbar friedlich miteinander, sind jedoch inaktiver und werden nur wenige natürliche Verhaltensweisen zeigen. Dieser Zustand einer nur halbwegs optimalen, aber relativ stabilen Gesundheit mit minimalen Verhaltensmustern, ist bei der Gruppenhaltung häufig anzutreffen. Es ist wichtig zu wissen, daß eine nicht ganz gesunde Landschildkröte, die in eine bestehende Gruppe eingesetzt wird, unter solchen Bedingungen sehr leiden wird.

Das Verhalten im allgemeinen, im besonderen aber das Sexualverhalten, wird umso komplizierter, wenn verschiedene Arten zusammen gehalten werden. Beispielsweise wird sich ein *Testudo graeca*-Männchen sofort mit einem *Testudo hermanni*-Weibchen paaren wollen. Allerdings verursacht dies dem *hermanni*-Weibchen beträchtliches Unbehagen.

Unterbringung

Viele Pfleger versichern, daß sie dieses und jenes tun, um ihren Landschildkröten ein glückliches Dasein zu sichern. Im Grunde gibt es jedoch nur einen objektiven Hinweis darauf, daß sich die Tiere wirklich wohlfühlen - ein natürliches Verhalten. Das heißt mit anderen Worten, die Tiere zeigen das gleiche, von der Gefangenschaftshaltung unbeeinflußte Verhalten wie in der Natur. Dieser Zustand ist nicht leicht zu erreichen, er ist es jedoch wert, darauf hinzuarbeiten. Die folgenden Angaben können dazu beitragen.

Es sollte nur eine Art, vorzugsweise sogar nur eine Unterart von Landschildkröten gepflegt werden. Männchen und Weibchen sollen möglichst nur zu Paarungszwecken zusammen, ansonsten aber voneinander getrennt gehalten werden. Eine gesonderte Unterbringung kann bei verhaltens-, hygiene- oder gesundheitsbedingten Problemen äußerst hilfreich sein. Bei der gemeinschaftlichen Haltung mehrerer Arten wird die Gesunderhaltung der einzelnen Tiere und ein Nachbilden der natürlichen Bedingungen zunehmend schwieriger.

Die meisten Pfleger neigen dazu, jedes Verhaltensmuster von Schildkröten als sexuell bedingt auszulegen. Der Verfasser hofft, daß der Leser am Ende dieses Kapitels erfahren hat, daß diese Interpretation mehr über den Menschen als über die Landschildkröten sagt.

ZUCHT

Das Sexualverhalten von Landschildkröten unterscheidet sich ganz erheblich von dem von Säugetieren. Dieses Wissen ist auch für denjenigen wichtig, der nicht züchten will, denn schon durch Unwissenheit kann es zu fatalen Problemen kommen.

Für manche Säugetiere wie Schafe ist es wichtig, daß alle Jungtiere im Frühjahr geboren werden. Zum einen, weil eine Gruppe vor Freßfeinden sicherer ist, und zum anderen haben sie dann eine ganze Futtersaison vor sich, bevor sie sich dem ersten Winter stellen müssen. Schafe haben daher einen an die Jahreszeiten angepaßten Sexualzyklus, der dafür sorgt, daß alle Paarungen in der Herde im gleichen Zeitraum stattfinden.

Landschildkröten haben, wenn auch aus anderen Gründen, ein ähnliches Problem, das sie jedoch auf eine völlig andere Weise gelöst haben. Ihre Eier müssen im Frühjahr oder zeitigem Sommer gelegt werden, denn sie benötigen die Wärme der Sonne zum Ausbrüten der Eier. Das System der Säugetiere ist für sie aber unbrauchbar, denn sie sind Einzelgänger und leben nicht wie Schafe in Herden. Somit fehlt ihnen die Möglichkeit zu synchronen Paarungen. Dafür aber haben sie die Gabe, ihre Tragzeit zu beeinflussen und so die Eiablage genau zur richtigen Zeit stattfinden zu lassen.

Landschildkröten paaren sich in der Natur in unregelmäßigen Abständen das ganze Jahr über. Dies resultiert in einer Zahl von 20 oder 30 befruchteten Eizellen. Zwei bis zehn davon werden gleichzeitig durch die Eileiter weitertransportiert. Sie wachsen im Körper auf ihre volle Größe heran und werden dann erst beschalt. Das heißt, daß eine Röntgenaufnahme vor der Beschalung keine Eier erkennen läßt, zwei Wochen später aber ein völlig ausgebildetes Gelege auf einer solchen Aufnahme sichtbar sein kann.

Die Länge einer Tragzeit kann nicht mit Sicherheit angegeben werden, aber nach Meinung des Verfassers beträgt die kürzeste Zeitspanne etwa 55 Tage, die längste zirka 30 Monate. Für die Länge der Tragzeit scheint es jedoch kein Limit zu geben. Der Verfasser kann Trächtigkeitszeiten von fünf Jahren belegen und besitzt glaubwürdige Berichte über eine Dauer von 20 Jahren. Wenn die Eier für solch einen langen Zeitraum im Körper des Weibchens verbleiben, sind die Embryonen, falls die Eier befruchtet waren, verständlicherweise längst abgestorben. Jahr für Jahr bildet sich eine neue Kalziumschicht um die Eier, und die Schale wird dadurch immer dicker und rauher. Dieser Prozeß ist bei einer gemeinsamen Haltung beider Geschlechter und gleichzeitigem Fehlen geeigneter Ablageplätze für das Weibchen unvermeidlich. Der Verfasser wundert sich immer wieder über Pfleger, die Männchen und Weibchen gemeinsam halten, aber sagen: "Ich will mit meinen Landschildkröten nicht züchten" - ganz so, als ob die Entscheidung des Pflegers die Biologie der Tiere beeinflussen könnte.

Verhalten in der Tragzeit

Ein trächtiges Weibchen ändert sein Verhalten.

1) Auch wenn das Tier offensichtlich gesund und aktiv ist, wird deutlich weniger Futter aufgenommen. Vermutlich nehmen die Eier im Abdomen so viel Platz ein, daß das Hungergefühl abnimmt.

2) Lebt das Tier mit anderen Landschildkröten zusammen, wird es aggressiv und versucht, vorübergehend zu dominieren. Es greift gewöhnlich das größte Tier der Gruppe an, stößt und besteigt es. Der Grund für dieses Verhalten liegt darin, daß es für die Eiablage ungestörte Ruhe braucht, und wenn es dominiert, werden ihm die anderen Tiere genug Raum lassen. Gleich nach der Ablage kehrt das Tier zu seinem passiveren Verhalten zurück. Dieses Beispiel zeigt deutlich, daß ein Weibchen kaum in der Lage ist, seine Eier abzulegen, wenn ein nicht zu überwindendes, dominantes Männchen im gleichen Territorium lebt. Auch wenn ein Pfleger eine in jeder Hinsicht optimale Unterbringung zur Eiablage bieten kann, wird z.B. ein gruppenfremdes Weibchen seine Eier trotzdem nicht ablegen. Es wird sich unter den eingelebten Tieren generell ungeschützt fühlen. Selbst wenn man die anderen Schildkröten umsetzt, wird das nichts an ihrer Unsicherheit ändern, denn die Geruchsmarken der anderen Tiere sind immer noch vorhanden und sorgen für Unbehagen.

Generell benötigt ein Weibchen 12 Monate, um sich in einer geeigneten Umgebung einzuleben, zu dominieren und schließlich seine Eier abzulegen.

3) Es ist ein enorm erhöhtes Erkundungsverhalten festzustellen. Viele Pfleger haben Landschildkröten verloren, weil sie es in dieser Phase schafften, aus ihren Gehegen auszubrechen.

4) Manchmal sind Probegrabungen mit den Hinterbeinen zu beobachten. Das passiert jedoch nur selten und auch nur dann, wenn das Tier sehr warm ist.

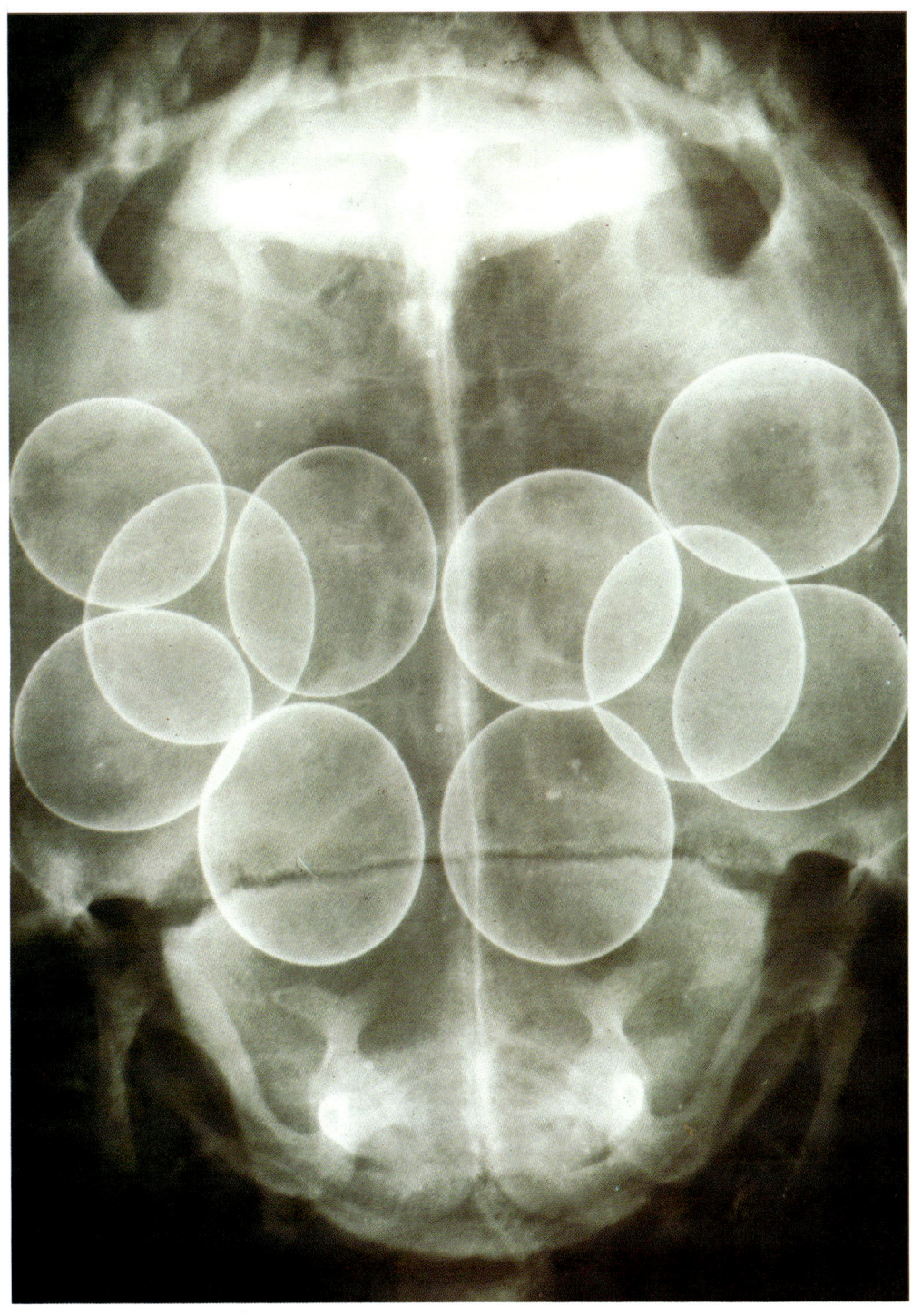

Röntgenaufnahmen können irreführen, da die Landschildkröteneier für Röntgenstrahlen solange unsichtbar bleiben, bis sie beschalt sind. Dieses Weibchen hat 10 beschalte Eier; insgesamt können es aber auch 20 oder mehr sein, die teilweise noch unbeschalt sind. Foto vom Verfasser.

Die Vermehrung von Landschildkröten, hier Testudo hermanni, ist dem engagiertem und erfahrenen Schildkrötenpfleger möglich, wenn er die richtigen Voraussetzungen für eine Zucht erfüllt. Bei der Zucht von geschützten Landschildkröten sind die gesetzlichen Bestimmungen einzuhalten und zu beachten. Foto B. Kahl.

Das Weibchen legt seine Eier nur ab, wenn eine Reihe von Bedingungen erfüllt werden. Entspricht auch nur ein Umstand nicht dem Optimum, wird die Ablage hinausgeschoben. In der Natur bedeutet das, daß das Weibchen den richtigen Zeitpunkt im Frühjahr oder zeitigem Sommer erkennen muß. Später im Jahr ausgebildete Eier verbleiben während der Winterruhe im Körper des Weibchens und werden erst im darauf folgenden Frühjahr abgelegt. Für die Gefangenschaftshaltung in Nordeuropa heißt das, daß wenn nicht alle erforderlichen Bedingungen geschaffen werden, die Eier nur in Ausnahmefällen abgelegt werden.

Diese Voraussetzungen sind:
1) Das Tier ist seit mindestens einem Jahr eingelebt.
2) Es ist dominant.
3) Es herrscht die richtige Jahreszeit.
4) Der Bodengrund ist zum Graben geeignet,
5) Es ist nicht zu kalt,
6) es ist nicht zu warm,
7) es ist nicht zu feucht und
8) es ist nicht zu trocken.
Die Punkte 1 und 2 sind bereits eingehend besprochen worden. Der Legevorgang wird bei einer Landschildkröte durch

Die Geschlechter von Landschildkröten können am einfachsten anhand der Schwanzlänge und der Kloakenposition unterschieden werden. Dieses Testudo hermanni-Weibchen hat einen kurzen Schwanz und eine nach unten gerichtete Kloake. Man beachte die große Endschuppe des Schwanzes und das Fehlen von Schenkelspornen, beides Merkmale von T. hermanni.
Foto Isabelle Francais mit Hilfe von Herrn Abbott.

*Testudo graeca - weiblich.
Foto vom Verfasser.*

*Während der Paarung versteift sich der Penis
des Männchens und drückt sich aus der Kloa-
kenöffnung. Foto vom Verfasser.*

die Ausschüttung eines Hormones eingeleitet, das man Oxyto-
cin nennt. Der Verfasser vermutet, daß die Produktion dieser Substanz eingestellt wird, wenn die Tage kürzer werden,
kann dies aber nicht belegen.

Sind die unter 1 bis 3 genannten Bedingungen erfüllt, beginnt
das Weibchen, nach einer Ablagestelle zu suchen, wo es sich
leicht graben läßt (Punkt 4). Dieser Platz sollte etwas erhöht
liegen (z.B. ein kleiner Hügel), denn das garantiert, daß die
Erde gut abgetrocknet und die Feuchtigkeit im Nest nicht zu
hoch ist (Punkt 7).

Dann prüft das Weibchen den Platz anhand des Geruchs. Ist
die Oberfläche verkrustet, wird sie manchmal erst mit den
vorderen Krallen aufgekratzt und der Geruchstest dann
nochmals wiederholt. Bei einer zu kalten oder zu warmen
Oberflächentemperatur wird das Weibchen seine Suche nach
einem besseren Platz fortsetzen. Liegt die Temperatur bei etwa
30°C (Punkt 5 und 6), beginnt sie hier, ein Nest auszuheben.
Sie benutzt ihre Vorderkrallen, um sich am Boden festzu-
halten und gräbt mit den hinteren Krallen. Normalerweise
gräbt eine Landschildkröte mit den vorderen Krallen, doch
unter diesen Umständen werden die hinteren benutzt. Beim
Graben bewegt sie die Hinterbeine in kreisförmiger Richtung
und versucht, die Erdoberfläche zu untergraben. Möglicherweise passiert das jedoch nur, wenn das Erdreich leicht feucht
ist. Ist die Erde zu trocken, würden die seitlichen Ränder ein-
stürzen, ist die Konsistenz zu hart, würde ein Graben unmög-

lich sein. In beiden Fällen würde sie ihre Bemühungen ein-stellen und nach einem anderen Platz suchen (Punkt 4). Die-ses Vorgehen wurde kürzlich als "Graben von Scheinnestern" beschrieben. Der Verfasser schließt sich dieser Interpretati-on nicht an, sondern ist der festen Überzeugung, daß wenn sich der Bodengrund beim ersten Versuch als geeignet erwie-sen hat, das Weibchen die Eier auch an diesem Platz able-gen wird.

Ist das Nest zur Zufriedenheit des Weibchens ausgehoben, legt sie ein Ei nach dem anderen hinein. Jedes Ei wird erst am Nestende abgelegt und dann vorsichtig mit den Hinter-beinen zum Nesteingang geschoben, um Platz für das näch-ste Ei zu schaffen. So ist die Gefahr des Zerbrechens der bereits gelegten Eier relativ gering. Da die Eier noch feucht sind, wer-den sie auf diese Weise auch mit einer dünnen Sandschicht paniert. Der Zweck dieser Panierung ist der, daß die Eier so nicht direkt Schale an Schale liegen. Wenn ein Ei verdirbt, kann es die anderen nicht so leicht infizieren.

Jetzt beginnt die Landschildkröte, ihre Hinterbeine in umge-kehrter Richtung zu bewegen, zieht weite nach innen lau-fende Kreise und bedeckt so das Gelege mit Erde bis das Nest wieder geschlossen ist. Gleichzeitig bewegt sich ihr Körper langsam von einer Seite zur anderen, wobei ihre im Boden verankerten Vorderkrallen als Angelpunkt dienen. Auf diese Weise sammelt sie alle ausgegrabenen Erdbrocken wieder zusammen und glättet dabei mit ihrem Plastron die Ober-fläche über dem Nest. Nachdem sie ihre Arbeit beendet hat, ist das Nest kaum noch zu erkennen. Der gesamte Prozeß von Ausheben, Ablegen bis zum Schließen des Nestes dauert gewöhnlich zwei bis vier Stunden. Sofort danach zieht sich das Tier völlig erschöpft zurück, erholt sich aber recht schnell und verspürt dann offenbar einen unbändigen Hunger.

Ist das erste Gelege gelegt, löst sich ein neues aus dem Vor-rat befruchteter Eizellen, und der Kreislauf beginnt von vorn. Der gesamte Eiablageprozeß unterliegt völlig dem Einfluß der klimatischen Umstände. Paarungen sind von Zeit zu Zeit notwendig, um den Vorrat an befruchteten Eiern im Körper des Weibchens aufzustocken. Dieser Vorrat befähigt das Weibchen, über Jahre hinaus entwicklungsfähige Eier able-gen zu können, ohne daß regelmäßig Paarungen stattfinden müssen. In der Natur sind *Testudo graeca*-Weibchen immer trächtig und produzieren in jeder Saison zwei bis drei Gele-ge. Unter idealen Klimabedingungen arbeitet dieses System perfekt. Bei der Haltung in nordeuropäischen Klimaten sind jedoch Probleme unvermeidlich. In ihrem natürlichen Lebens-raum herrschen für drei bis vier Monate im Jahr akzeptable Wetterbedingungen. Im Norden Mitteleuropas sind die Bedin-gungen hingegen nur für etwa eine Woche optimal, und noch weiter nördlich sind die Klimaverhältnisse nie geeignet. Bei diesen Verallgemeinerungen gibt es natürlich Ausnahmen durch an einzelnen Plätzen herrschende Kleinklimate, und selbstverständlich sind auch die Wetterbedingungen in jedem Jahr verschieden. Wie dem auch sei, man kann davon aus-gehen, daß Weibchen in den meisten Teilen Nordeuropas ihre Eier fast das ganze Jahr über im Körper zurückhalten und nicht ablegen.

Eine Verzögerung der Eiablage bis zu zwei Jahren verläuft generell problemlos. Das bedeutet aber auch, daß die zurück-gehaltenen Eier jedes Jahr mit einer neuen Kalkschicht umlegt werden, wodurch die Eischalen ständig dicker und rauher werden. Wenn dann schließlich geeignete Witterungsbedin-gungen eintreten und das Weibchen die Eier ablegen will, kann dieser Versuch tragisch enden. Durch die Übergröße und die rauhe Schale können die Wände des Legekanals beschädigt und/oder die Eier in die Blase gelangen. Unter gewissen Umständen können ein oder mehrere Eier erkran-ken und diese Erkrankung dann auf das Muttertier übertra-gen (Bauchfellentzündung). In jedem dieser Fälle wird aus dem vorher gesunden Weibchen sehr schnell ein Todeskan-didat, manchmal innerhalb von nur 48 Stunden.

Ist ein Pfleger also nicht in der Lage, die geeigneten Bedin-gungen für eine Eiablage zu bieten, ist es ausgesprochen wich-tig, Männchen und Weibchen zu separieren und alle drei bis vier Jahre anhand von Röntgenaufnahmen zu überprüfen, ob eine Trächtigkeit vorliegt.

Fruchtbarkeit von Eiern

In früheren Tagen war die gemeinsame Haltung verschiede-ner Arten und Unterarten von Landschildkröten durchaus häufig. Obwohl diese Vorgehensweise dem Pfleger offen-sichtlich Zeit und Arbeit erspart, führt sie doch eben so sicher zu Schwierigkeiten in Verhalten und Zucht. Das Hauptpro-blem ist dabei die Kreuzung von Arten und Unterarten. Eine Paarung zwischen nicht-verwandten Arten resultiert im All-gemeinen in unbefruchteten Eiern, was sehr wahrscheinlich das Risiko für Trächtigkeitsprobleme steigert. Wird ein Weibchen später mit einem passenden Männchen verpaart, wird sie so lange unbefruchtete Eier ablegen, bis der alte Eiervorrat verbraucht und ein neuer aus befruchteten Eiern gebildet ist. Das kann dann allerdings mehrere Jahre dauern. Interessanterweise tritt dieses Problem am häufigsten bei Gruppen von 2 bis 12 Tieren auf, ist hingegen bei Gruppen von 30 oder mehr Tieren recht selten. Vermutlich erleichtert dann die größere Auswahl den Männchen die Suche nach einem passenden Weibchen.

Einige Experten geben für Paarungen zwischen ungleichen Arten eine sehr geringe, für Paarungen zwischen unterschiedlicher Unterarten eine zehnprozentige Fruchtbarkeitsrate an. Die Erfahrungen des Verfassers auf diesem Gebiet veranlassen ihn aber zu der Überzeugung, daß die Fruchtbarkeitsrate bei verschiedenen Arten Null beträgt, und die bei verschiedenen Unterarten nur etwa 1% ausmacht. Beim Studium dieses Themenkreises läßt man sich schnell fehlleiten, denn hat man nicht extreme Sicherheitsvorkehrungen getroffen, kann man nie mit Bestimmtheit sagen, wer denn nun der Vater eines bestimmten Geleges ist. Dieser Absatz soll deutlich machen, daß es nicht ausreicht zu wissen, wie die Paarungsgeschichte eines Weibchen von nur einem zurückliegenden Jahr aussieht. Ist man im Besitz eines eindeutigen Pärchens gleicher Art und Unterart, liegt die Fruchtbarkeitsrate bei 95% und darüber.

Eine verminderte Fruchtbarkeit tritt auf wenn:
1) der Gesundheitszustand des Paares unzureichend ist,
2) die Ernährung nicht ausgewogen ist, denn besonders trächtige Weibchen benötigen erhöhte Kalziumgaben, oder
3) die Tiere nicht richtig überwintert und dadurch die Spermaproduktion des Männchens blockiert wurde.

Grundlagen für eine geplante Zucht

Zuerst muß dafür gesorgt werden, daß sich alle Landschildkröten in einem bestmöglichen Gesundheitszustand befinden.

Männchen und Weibchen werden in getrennten Gehegen gehalten, die alle erforderlichen Einrichtungen bieten.
Die Weibchen bleiben für mindestens ein Jahr von den Männchen separiert. Dann wird durch Röntgenaufnahmen sichergestellt, daß keine von früheren Paarungen resultierenden Eivorräte mehr existieren. Sind im Körper des Weibchens noch

Eier nachweisbar, muß diese Prozedur Jahr für Jahr wiederholt werden, bis alle vorhandenen Eier abgelegt worden sind. Nun wird ein nicht trächtiges Weibchen in einem separaten Behältnis mit einem Männchen gleicher Art oder Unterart zusammengebracht. Im Normalfall reicht es aus, die Tiere für vier bis fünf Tage jeweils für zwei Stunden zusammenzulassen, jedoch kann es hierbei individuelle Unterschiede geben. Das Weibchen benötigt nun unbedingt eine ausreichende Kalziumversorgung.

Es muß eingehend auf die eingangs beschriebenen Anzeichen einer Trächtigkeit beobachtet werden. Ist das Ergebnis positiv, müssen alle Vorkehrungen für eine Eiablage geschaffen werden. Im Normalfall sollte ein Weibchen einmal jährlich ein Gelege produzieren, egal ob die Ablage auf natürliche Weise stattfindet oder künstlich eingeleitet werden muß.

Künstlich eingeleitete Eiablage

Man sucht einen Tierarzt auf, wobei darauf zu achten ist, daß das Tier während des Transportes warmgehalten wird. Man bittet den Arzt um:
1) Röntgenaufnahmen,
2) Feststellung der Eianzahl,
3) die Unterbringung des Tieres in einem Behältnis mit einem Wärmestrahler, vorzugsweise einer Reflektorlampe,
4) eine Oxytocin-Injektion,
5) bei der Eiablage anwesend zu sein und jedes Ei nach Ablage sicherzustellen,
6) und die Eier dann in ein Nest aus Baumwolle, Wolle oder ähnlichem Material zu legen.
Wird das Tier bei dieser Art der Eiablage unbeobachtet gelassen, führen der Grabreflex und das Beiseiterollen der Eier mit den Hinterbeinen zu deren Beschädigung. Die hier beschriebene künstliche Einleitungsmethode wirkt sich nicht negativ auf die Eier aus. Befinden sich die Eier schon zu lange im Körper, sind übergroß und rauh, kann dieses Vorgehen dem Tier das Leben retten. Kommt es trotz dieser Prozedur zu keiner oder nur einer teilweisen Ablage der Eier, sollte man das Ganze einige Wochen später wiederholen lassen.

In Extremfällen können auch andere veterinärmedizinische Techniken zur Anwendung kommen. Besonders bei Kreuzungspaarungen kann es zur Ausbildung übergroßer Eier kommen, die dann nicht mehr durch den Beckengürtel passen. Auch das ist auf Röntgenaufnahmen erkennbar. Es ist möglich, die Eier durch einen Eingriff in die richtige Position zu bringen und dann chirurgisch durch die Kloake zu entfernen.

Auch wenn jeder Tierarzt einen solchen Eingriff durchführen kann, ist es doch ratsam, einen Reptilienspezialisten aufzusuchen. Er ist mit solchen Problemen vertrauter als der normale Tierarzt und verfügt über die benötigten Instrumente.

Natürliche Eiablage

Hier müssen alle, und wirklich alle, der in diesem Buch zuvor beschriebenen Voraussetzungen für eine natürliche Eiablage korrekt erfüllt werden. Das ist zugegebenermaßen ein ziemlicher Aufwand, doch der Erfolg macht das schnell vergessen.

Einige Tips:

1) Man hält die Weibchen in kleinen Gruppen in einem vertrauten Territorium, das alles Erforderliche für die Ablage bietet - die Tiere müssen sich wirklich wohlfühlen.

2) Männchen müssen separiert werden. Ein Weibchen kann nicht dominieren wenn es ständig von einem Männchen verfolgt wird.

3) Boden- und Lufttemperatur dürfen nicht schwanken - regelmäßig überprüfen.

4) In geschützt liegenden Außenanlagen mit Südausrichtung ist es normalerweise möglich, wenigstens für kurze Zeiträume Bodentemperaturen von 30°C zu erreichen. Anderenfalls ist eine Art von Bodenheizung erforderlich.

5) Das Weibchen muß ständig warmgehalten werden. Gewöhnlich wird sie nur zur Ablage schreiten, wenn ein 35°C warmer Sonnenplatz vorhanden ist und eine Lufttemperatur von 25°C herrscht. Die Oberflächentemperatur des Ablageplatzes muß nötigenfalls mit Hilfe von Lampen auf 30°C gebracht werden. Hat sich ein Weibchen an einen Ablageplatz gewöhnt und legt dort problemlos wiederholt ab, wird sie das möglicherweise später auch unter nicht so optimalen Bedingungen tun. Um diesen Zustand aber erst einmal zu erreichen, sind absolut korrekte Bedingungen erforderlich. Dieses Optimum wird mit Hilfe von Lampen, Zeitschaltuhren, Heizern und Thermostaten garantiert und soll-

te für die Dauer von zwei Monaten im Frühsommer vorhanden sein.

Ist man sich nun der Wichtigkeit dieser Bedingungen bewußt, hat man die Wahl unter verschiedenen Methoden für eine natürliche Ablage.

Beispielsweise kann man eine etwa 30 cm große Legekiste mit Torf füllen und mittels einer Reflektorlampe auf etwa 30°C erwärmen. Die Temperatur muß mit einem zuverlässigen Thermometer überwacht werden. Zur gleichen Zeit sollte das trächtige Weibchen ebenfalls so aufgeheizt werden, daß sie mit ihren Hinterbeinen zu graben beginnt. Setzt man das Weibchen nun in die Legekiste, sollte sie ein Nest graben und die Eier hineinlegen. Diese Methode ist einfach und schnell, setzt aber eine fast schon fachmännische Beobachtungsgabe voraus, damit das Timing auch stimmt.

Der Verfasser lebt ziemlich weit nördlich im Westen der englischen Midlands, wo Landschildkröten ihre Eier nicht auf natürliche Weise im Garten ablegen, ungeachtet jeder ausprobierten Methode. Deshalb hat er, in dem Bestreben, eine möglichst natürliche Umgebung zu schaffen, ein Gewächshaus als Ablageort für Schildkrötenweibchen umfunktioniert. Dieses Gewächshaus befindet sich innerhalb des Freigeheges für trächtige Weibchen und ist generell jederzeit für sie verfügbar. Gelegentlich ist die Tür geschlossen, um andere Schildkröten davon abzuhalten, ein gerade legewilliges Tier zu stören. Hiervon wird allerdings nur selten Gebrauch gemacht, denn der natürliche Instinkt der Landschildkröten läßt entsprechende Situationen nur selten entstehen.

Bei der Benutzung eines Gewächshauses muß darauf geachtet werden, daß für Sonnenabschattung und künstliche Wärmequellen gesorgt ist. Die Verwendung von direktem Sonnenlicht zur Wärmeerzeugung resultiert in einer starken Temperaturfluktuation, jedoch sind für eine erfolgreiche Nachzucht konstante Werte erforderlich. Auch muß der Boden im Gewächshaus regelmäßig gewässert werden, da er sonst zu stark austrocknet und für die Schildkröten nicht mehr akzeptabel ist.

Nach der Ablage werden die Eier vorsichtig ausgegraben und inkubiert.

INKUBATION

Als sich der Verfasser das erste Mal an die Inkubation von Landschildkröteneiern wagte, hatte er damit bemerkenswert wenig Erfolg. Zum gleichen Zeitpunkt aber hörte er von anderen Pflegern Berichte wie: "Bei mir sind gerade drei Eier geschlüpft. Ich hatte sie im Trockenschrank." Sehr frustrierend! Aber nicht einer von ihnen konnte erklären, weshalb ihre Eier manchmal erfolgreich schlüpften und andere Male wieder nicht, oder warum ihre Methoden funktionierten und die des Verfassers nicht. Auch hatte niemand genügend Daten über seine Vorgehensweisen gesammelt, so daß man sie nicht akkurat kopieren konnte.

Um herauszufinden, welche Bedingungen zu erfüllen sind, startete der Verfasser eine Testreihe. Dabei wurden folgende Grundbedingungen als wichtig ermittelt:

1) Die Eier müssen aus einer Paarung zweier Tiere der gleichen Unterarten stammen. Das bezieht sich nicht auf die letzte oder eine mehrere Wochen zurückliegende Paarung, sondern auf die, bei der die Eier befruchtet wurden.

2) Die Eier müssen nach einer normal langen Tragzeit gelegt worden sein.

3) Das Weibchen muß während der Tragzeit mit ausreichenden Mengen Kalzium versorgt worden sein. Anderenfalls kann bereits der Embryo unter Osteodystrophie (Knochen- und Panzererweichung) leiden und deshalb unfähig sein, die Eischale zu durchbrechen.

4) Die Inkubationstemperatur sollte zwischen 26 und 34°C liegen.

5) Die relative Luftfeuchte während der Eizeitigung sollte 95% nicht für mehr als 15 Minuten übersteigen. In einem solchen Fall kann Wasser durch die Eischale dringen und den Embryo ertränken. Im Frühstadium der Inkubation ist dies allerdings nicht kritisch.

6) Die Luftfeuchtigkeit sollte keinesfalls unter 50% absinken. Zu niedri-

ge Luftfeuchte führt zu Wasserverlust im Ei. Schon bei nur einem geringen Verlust wird der Schlüpfling kleiner als normal sein. Gehen große Wassermengen verloren, verhärtet die Eimasse, und der Embryo kann sich nicht entwickeln.

7) Wenn die Entwicklung des Embryos begonnen hat, darf das Ei nicht mehr gedreht werden. In der ersten Zeitigungswoche wird durch Bewegen der Eier noch kein Schaden angerichtet, jedoch hängt der genaue Zeitpunkt des Entwicklungsbeginns letztlich von der Temperatur ab. Der Embryo liegt auf der Eimasse, die sich beim Drehen über ihn stülpt. Das ist nicht immer, aber häufig tödlich.

In der Natur werden Temperatur und Feuchtigkeit zum Teil durch die Auswahl eines bestimmten Nistplatzes vom Weibchen und zum anderen von der natürlichen Umgebung bestimmt. Am Hang eines Kalksteinhügels verändern sich Temperatur und Luftfeuchte nur sehr langsam, so daß man von relativ konstanten Werten ausgehen kann. Wählt ein Landschildkrötenweibchen einen solchen Nistplatz, werden für die Dauer der Eizeitigung ziemlich gleichmäßige Bedingungen herrschen. Bei dem Versuch einer künstlichen Inkubation ist das leider nicht unbedingt der Fall.

Die Literatur empfiehlt mehrheitlich eine Inkubation unter Nachempfindung der natürlichen Bedingungen. Das heißt,

Diese kleine griechische Landschildkröte ist ein Nestling, der bei guter Pflege bald eine beachtliche Größe erreichen kann.
Testudo graeca. Foto W.B. Mara.

1

3

2

Alpha, drei Wochen alt, in der Hand des Verfassers.
2. Rosie bei der Eiablage in das ausgehobene Nest.
3. Alpha sieht an seinem dritten Geburtstag gesund und munter aus. Der zweite und dritte Jahresring sind deutlich, der erste nur schlecht erkennbar. Man beachte den rundlichen Carapax und das fast völlige Fehlen von pyramidenförmigen Schildern. Alle Fotos vom Verfasser.

man vergräbt die Eier in Erde oder einem anderen Substrat, benutzt einen Heizer und einen Thermostaten zur Temperaturkontrolle und erzeugt die benötigte Luftfeuchte mittels eines beigestellten Wassergefäßes oder durch Sprühen. Ist diese Methode bei einem Pfleger erfolgreich, so kann er sich freuen und damit fortfahren. Die Erfahrungen des Verfassers damit sind allerdings die, daß zwar die Temperaturkontrolle einwandfrei funktioniert, dafür aber die Erhaltung der benötigten Luftfeuchte mehr erfordert, als er aufbieten kann. Hieraus resultierten eine niedrige Schlupfrate und viele Probleme.

Letztlich modifizierte er einen Inkubator für Vogeleier, und plötzlich war alles ganz einfach. Die Eier werden auf ein schwebend aufgehängtes Gitter gelegt, was die Temperatursteuerung etwas kritischer macht. Probleme durch Stromausfälle oder versehentlich herausgezogene Stecker wirken sich hier natürlich schwerwiegender aus. Die Tatsache, daß die Luftfeuchte nun viel einfacher zu messen und zu steuern ist, macht jedoch die anderen Probleme zu Nichtigkeiten. Vogeleier werden gewöhnlich bei 37°C, Schildkröteneier normalerweise bei 30°C gezeitigt. Bei einer niedrigeren Temperatur verdunstet auch weniger Wasser aus den Speichern des Inkubators. Es zeigte sich, daß ein Vergrößern der Wasseroberfläche um etwa das Dreifache genau das richtige Verhältnis schafft. Wie bei allen anderen Gesichtspunkten der Landschildkrötenpflege sind auch hier Kontrollmessungen für ein gutes Ergebnis wichtig. Temperatur und Luftfeuchte müssen also häufig überprüft werden.

Inkubationsmethoden

1) Den Inkubator vorbereiten und anschließen. Einschalten und laufen lassen, bis Temperatur und Luftfeuchte mit Sicherheit korrekt und stabil sind.

2) Die Eier sehr vorsichtig und sofort nach der Ablage aus dem Nest ausgraben.

Links: Eine Überkalzifizierung der Eischale ist eine häufige Anomalie bei Landschildkröten in Gefangenschaft. Schildkröteneier sind glatt wie Hühnereier und nicht ledrig.
Rechts: Schildkrötenpaarung

Eine frisch geschlüpfte Testudo graeca, erst wenige Stunden alt. Als Größenvergleich ein normales Ei und eine Streichholzschachtel.
Alle Fotos vom Verfasser

3) Die Eier behutsam mit einem warmen, feuchten Tuch säubern.

4) Dann mit einem trockenen Tuch ebenso vorsichtig abtrocknen.

5) Die Eier mit einer Genauigkeit von 0,1 g wiegen.

6) Mit einem weichen, ungiftigen Stift die Eier mit Nummern oder Buchstaben auf der Oberseite kennzeichnen, so daß jedes einzelne identifiziert werden kann.

7) Die Eier mit der Markierung nach oben in den Inkubator legen.

8) Alle Daten und Werte niederschreiben.

Die Entwicklung im Inkubator kann auf zweierlei Wegen geprüft werden, nämlich durch Wiegen und Durchleuchten. Der Verfasser machte bei seinen Versuchen ausgiebigen Gebrauch von beiden, ohne irgendwelche Schädigungen der Embryonen feststellen zu können. Trotzdem bergen solche Überprüfungen offensichtliche Risiken für die sich entwickelnden Schildkröten und sollten deshalb nur sehr gelegentlich und mit größter Vorsicht durchgeführt werden.

Wiegen der Eier

Eischalen sind semi-durchlässig. Unter normalen Zeitigungsbedingungen geben Eier langsam Wasser an ihre Umgebung ab. Zu dick beschalte Eier verlieren Wasser tatsächlich nur sehr langsam. Normalbeschalte, unbefruchtete Eier geben ihr Wasser schneller ab als befruchtete. Daher ist es durch regelmäßiges Wiegen der Eier möglich, unbefruchtete von befruchteten aufgrund des höheren Gewichtsverlustes nach kurzer Zeit zu unterscheiden. Der zulässige Gewichtsverlust hängt von Temperatur und Luftfeuchte im Inkubator ab. Gewöhnlich gelangen Eier mit einem Gewichtsverlust von 25% oder mehr über die gesamte Inkubationszeit nicht zum Schlupf.

Durchleuchten

Wird ein gebündeltes, sehr helles Licht hinter ein Ei gehalten, kann man im Gegenlicht den Eiinhalt durchscheinen sehen. Durchsichtige Objekte im Ei werden unsichtbar und undurchsichtige erscheinen als Schatten. Ein solches Punktlicht kann man sich aus einem Stück Pappe basteln, in das ein Loch von einem Millimeter Durchmesser gebohrt und das Ganze dann vor eine Glühbirne gehalten wird. Man kann das Ei sowohl horizontal als auch vertikal durchleuchten. Die Theorie klingt einfach, Praxis und Interpretation sind jedoch eher schwierig.

Erstens dürfen die Eier nicht in ihrer Lage verändert gehalten werden (Markierung!). Zweitens produzieren Glühbirnen Hitze, und das Ei muß vor Temperaturschwankungen geschützt werden. Demzufolge muß die Durchleuchtung, besonders in vertikaler Position, schnellstmöglich verlaufen.

Interpretation

Der Großteil dessen, was man durch die recht feste, von hinten beleuchtete Eischale erkennen kann, besteht aus der dickflüssigen Eimasse, die durch das Licht sichtbar wird.

Unterschiedlich starke Eischalen machen das Erkennen naturgemäß noch schwieriger. Generell kann man sagen, daß unbefruchtete Eier dadurch erkennbar sind, daß sie völlig mit Flüssigkeit gefüllt bleiben, sich auf der Flüssigkeit eine Luftblase bildet oder sich die Flüssigkeit zu einer breiigen Masse verfestigt, die den unteren Teil des Eies ausfüllt. Bei befruchteten Eiern sind anfangs dort Blutgefäße erkennbar, wo sich der Dottersack befinden wird, auf dem sich dann ein querliegender Schildkrötenembryo entwickelt. Von oben betrachtet zeichnen sich Beine, Kopf und Schwanz als deutliche Schatten ab.

Zusammenfassend heißt das:

- undurchsichtige Masse im oberen Teil des Eies bedeutet befruchtet,

Diese Testudo horsfieldi wurden alle während der Terrarienhaltung geboren und aufgezoigen. Die sieben kleinen Nestlinge sind erst wenige Wochen alt. Die vier restlichen Vertreter dieser Art besitzen je nach Größenabstufung ein Alter von einem, drei, vier und siebzehn Jahren. Auf diesem Bild ist also sehr schön der Wachstumsunterschied von Landschildkröten zu erkennen. Foto Dr. W. Kirsche.

- undurchsichtige Masse im unteren Teil des Eies bedeutet unbefruchtet,
- schattenhafte Formen und Linien bedeuten - großes Rätselraten!

Geschlechterverteilung bei Schlüpflingen

Die Geschlechterverteilung bei Landschildkröten hat völlig andere Grundlagen als die beim Menschen, welche weitgehend bekannt sein dürfte. Bei Menschen wird das Geschlecht eines Nachkommens durch sich zufällig vereinigende Chromosomen der Elternteile bestimmt.

Die Experimente von Claude Pieau in Frankreich zeigten, daß die Eier von Testudo graeca bei der Ablage geschlechtslos sind und daß das Geschlecht der Jungtiere durch die Zeitigungstemperatur festgelegt wird. Das wird als "Umgebungsbedingte Geschlechterverteilung" bezeichnet.

Genauer gesagt, ergaben Dr. Pieaus Untersuchungen, daß das Geschlecht bei Landschildkröten scheinbar 15 bis 30 Tage nach der Eiablage, wenn sich die Geschlechtsdrüsen gebildet haben, durch die Körpertemperatur des heranwachsenden Embryos festgelegt wird. Es ist möglich, daß sich entwickelnde, männliche Geschlechtsdrüsen durch einen Anstieg der Inkubationstemperatur zu weiblichen umgestalten. Umgekehrt ist das allerdings nicht möglich.

Die Beobachtungen des Verfassers bestätigen das Prinzip als solches völlig, weichen aber im Detail etwas ab. Bei unerfahrenen Pflegern, die wechselhafte Inkubationstemperaturen bieten, schlüpfen überwiegend Männchen. Um nun Weibchen zu erhalten, ist es erforderlich, daß die Temperaturen stabil bei einem konstanten Wert gehalten werden. Da man das Geschlecht bei jungen Landschildkröten aber erst nach fünf Jahren mit einiger Sicherheit feststellen kann und der Inkubator des Verfassers anfänglich nicht dazu geeignet war, einen bestimmten Temperaturwert über den gesamten Zeitraum der Inkubation zu halten, könnten experimentelle Fehler eine plausible Erklärung für diese unterschiedlichen Beobachtungen sein.

Bei Temperaturen um die 30°C ist die Geschlechterverteilung recht willkürlich verteilt. Bei Werten darüber schlüpfen Weibchen, darunter entwickeln sich Männchen. Temperaturen über 35°C erhöhen das Risiko für Mißbildungen, und es sterben mehr Jungtiere bereits im Ei ab. Temperaturen um 25°C sind die niedrigsten Werte, bei denen es überhaupt noch

zum Schlupf kommt. Die Inkubationsdauer variiert mit der Temperatur und beträgt bei 35°C etwa 55 Tage, 70 Tage bei 30°C und 120 Tage bei 25°C. Der Verfasser empfiehlt zur Erzeugung von Weibchen eine konstante Temperatur von 33°C und 27°C für Männchen.

Wer sich nicht entscheiden kann, dem sei die Zucht von Weibchen empfohlen und zwar aus verschiedenen Gründen. Zum einen herrscht in Nordeuropa unter Weibchen aufgrund von Trächtigkeitsproblemen eine höhere Sterblichkeitsrate. Zweitens sind Weibchen besser für eine Gruppenhaltung geeignet. Und drittens, in die Zukunft gesehen, hat ein Männchen keine Probleme, auch eine große Gruppe von Weibchen zu begatten.

Schlupf

Bei der Entwicklung eines befruchteten Eis wird der Dottersack im gleichen Maße kleiner wie der Embryo größer wird. Der Embryo entwickelt sich querliegend im oberen Teil des Eies. Gegen Ende der Entwicklungsphase ist das Plastron über die Mitte gefaltet, und der Carapax drückt sich so gegen die Innenseite der Eischale, daß sich das Muster der orangenhautähnlichen inneren Eihaut darin eindrückt. Zu diesem Zeitpunkt sind die Nährstoffvorräte des Dottersacks erschöpft, und der Schlüpfling beginnt, sein Mäulchen zu öffnen und zu schließen. Diese Bewegung wird vermutlich durch eine Art von Hungerreflex ausgelöst. Der Schlüpfling besitzt auf seiner Nasenspitze einen sogenannten Eizahn. Indem er sein Köpfchen gegen die Eischale preßt, durchstößt er mit diesem Eizahn die Eischale. Aufgrund der entstandenen Öffnung verliert die Schale an Stabilität, und die restliche Eimasse trocknet aus. Nun entfaltet sich der Körper des Schlüpflings - ähnlich einer sich öffnenden Blüte. Die bereits beschädigte Eischale bricht dadurch weiter auf, und der Schlüpfling klettert hinaus.

Zur Richtigstellung einiger häufiger Fehlauffassungen:

1) Embryonen liegen niemals in Längsrichtung im Ei. In diesem Fall würde ihnen ein Schlüpfen fast unmöglich sein.

2) Zwillingsgeburten sind möglich, jedoch sehr selten.

3) Das Durchbrechen der Eischale geschieht nicht durch Schieben mit den Hinterbeinen, Kratzen mit den Vorderkrallen oder Durchbeißen der Schale. Die auslösende Kraft kommt

Ein Portrait von Testudo hermanni.
Foto: Isabelle Francais.

nicht von den Muskeln, sondern durch das Strecken des Carapax.

4) Die Eier eines Geleges schlüpfen nicht unbedingt alle gleichzeitig.

Beobachter von wildlebenden Landschildkröten sagen, daß alle Eier eines Geleges gemeinsam schlüpfen. Das trifft definitiv nicht auf die Beobachtungen des Verfassers bei künstlich inkubierten Eiern zu. Die unterschiedlichen Aussagen mögen auf unzulänglichen Beobachtungen in der Natur oder auf einer nicht ganz akkuraten Temperatursteuerung bei den Versuchen des Verfassers beruhen. Welche Aussage nun auch immer richtig sein mag, es wird gelegentlich empfohlen, ein Ei zu öffnen, das einige Tage nach dem Schlupf des restlichen Geleges noch immer unversehrt ist.

Der Verfasser öffnete einmal in einem solchen Fall ein nicht geschlüpftes Ei und fand dabei ein zu drei Vierteln entwickeltes Jungtier mit Dottersack vor. Tier und Dottersack wurden daraufhin unter sterilen Bedingungen bei 30°C gehalten, jedoch schrumpfte die Nabelschnur zusehends, und das Tier wurde immer schwächer. Es war offensichtlich dehydriert und so wurde - schließlich mit Erfolg - versucht, den Embryo mit Wasser und Glukose von einem Teelöffel am Leben zu erhalten, während er in einer Hühnereischale untergebracht wurde. Letztlich konnte das Tier auch zur Aufnahme

richtiger Nahrung bewegt und die Nabelschnur durchtrennt werden. Langsam kam Leben in das Tier. Der Carapax war leicht deformiert, und das Tier war in seiner Entwicklung um einige Monate zurückgeworfen worden. Der Verfasser wiederholte diesen Versuch 12 Monate später mit einem anderen Tier und erzielte das gleiche Ergebnis.

Die Ernährung eines halbentwickelten, nur 6 g schweren, dehydrierten Schlüpflings ist nicht gerade einfach. Es ist daher nicht zu empfehlen, ein Ei vor Ablauf der vollen Inkubationszeit zu öffnen. Ist man sich sicher, daß der Embryo voll entwickelt und der Dottersack wirklich aufgebraucht ist, kann diese Maßnahme begründet sein. Trotzdem sollte eine Eiöffnung nur im Notfall vorgenommen werden, denn sie ist immer riskant. Schlüpflinge aus solch künstlich geöffneten Eiern sind meistens kleiner als natürlich geschlüpfte. Eine Vermutung besagt hierzu, daß der Schlüpfling kurz vor dem Schlupf ein Wachstumshormon aus dem Dottersack absorbiert, wodurch sich dieses Phänomen erklären würde.

Aufzucht

Die erforderliche Pflege und die Ernährung von Jungtieren unterscheiden sich in keinster Weise von denen der Alttiere. Der hauptsächliche Unterschied liegt darin, daß sich negative Umstände viel schneller auswirken.

Landschildkröten werden außer zu Paarungszwecken am besten einzeln gehalten.

Die einfachste Methode zur Haltung von Jungtieren ist ein offener Behälter mit einer 40 Watt Reflektorlampe mit 30° Strahlungswinkel. Dieser Wärmestrahler sollte einen Teil des Behälters tagsüber auf 35°C erwärmen. Auch wenn dieser Behälter in einem geheizten Raum aufgestellt wird, sollten die erforderlichen 20 bis 25°C Umgebungstemperatur für die Tagesstunden gesichert sein. Die Nachttemperaturen sollten hingegen zwischen 15 und 20°C liegen.

Die Ernährung, speziell mit Kalzium, ist ein äußerst kritischer Punkt. Von der ersten Mahlzeit an sind Kalziumgaben erforderlich. Werden Alttiere falsch ernährt, ist ein Konditionsabfall zunächst kaum feststellbar. Bei Jungtieren tritt eine entsprechende Reaktion jedoch generell sehr schnell auf. Der häufigste Fehler liegt in einer zu proteinhaltigen und zu kalziumarmen Ernährung. Das Kalzium/Protein-Verhältnis ist wichtig. Ist es nur etwas zu niedrig, wächst das Jungtier zu schnell, und die Schilder zeigen einen deformierten, pyramidenartigen Wuchs. Natürlich stirbt das Tier daran nicht. Ist das Verhältnis schlechter, sind auch die Deformationen der Schilder schlimmer, und das Skelett unter den Schildern

wächst nicht gewölbt sondern gerade. Dadurch wird der Lungenraum eingeschränkt, das Tier wird zunehmend schwächer, und es kann gelegentlich auch zu Todesfällen durch Bronchialerkrankungen kommen. Das geschieht dann gewöhnlich im Alter zwischen 18 und 24 Monaten.

Wird das Kalzium/Protein-Verhältnis nicht verbessert, härten auch die Maulränder nicht aus. So kann das Tier keine harte Nahrung aufnehmen und ist gezwungen, sich mit weicherem und damit wieder proteinhaltigem Futter zu ernähren, wodurch sich das Verhältnis weiter verschlechtert. Also offensichtlich ein teuflischer Kreislauf. Diesen Umständen ausgesetzte Jungtiere sterben gewöhnlich innerhalb von einem bis drei Monaten an Unterernährung.

Tiere mit weichen Mäulern können in etwa drei Wochen geheilt werden. Dazu öffnet man das Maul mit einem Holzspatel und füttert das Tier mit feinem Sepia- oder Kalksteinmehl. Zusammen mit einer kalziumreichen Diät wirkt das oftmals Wunder. Anfangs benötigt man weiche Futterpflanzen mit kleinen Blättern wie z.B. Kresse, damit die Tiere sie verarbeiten können. Wird das Maul langsam härter, geht

1

2

3

4

man stetig zu besserem, ballaststoffreichem Futter wie Löwenzahn über.

Bei jungen Landschildkröten in schlechtem Ernährungszustand funktioniert das Immunsystem nur unzureichend. Sie sind deshalb anfällig für Erkrankungen wie beispielsweise "Schnupfen". Als dieses Buch geschrieben wurde, war eine falsche Ernährung immer noch die häufigste Todesursache unter Jungtieren.

1. Ein sechs Monate altes, etwa 5 cm langes Testudo graeca-Jungtier. 2. Dasselbe Tier ist etwa 40 mm breit. 3. Selbiges Tier hat einen überwiegend runden Carapax. Man beachte den ringförmigen Wuchs jeder Schuppe. 4. Die Normalfarbe des Tieres Alpha vom Verfasser. Die Färbung des Plastrons ist sehr variabel.
Fotos vom Verfasser.

GRÖSSE UND ALTER

Menschen wachsen bis zur Geschlechtsreife. Zu diesem Zeitpunkt tritt dann eine drastische Veränderung der chemischen Körperreaktionen ein, die nun u.a. Hormone produziert, welche das Wachstum stoppen. Landschildkröten verfügen nicht über einen derartigen Mechanismus. Vorausgesetzt:

1) eine Landschildkröte wird in einer angemessen temperierten Umgebung gehalten, so daß sie ihre Körpertemperatur gleichbleibend korrekt steuern kann,

2) daß sie mit Futter in geeigneter Qualität und Quantität, Vitaminen und Kalzium versorgt wird,

3) daß das Tier nicht die meiste Zeit mit sexuellen oder territorialen Aktivitäten beschäftigt ist und

4) gesund ist, wird sie auf unbestimmte Zeit kontinuierlich wachsen. Viele Menschen betrachten diese Aussage mit großer Skepsis, denn sie unterscheidet sich drastisch von unseren eigenen Erfahrungen. Dennoch ist es die einzige Erklärung für die eigenen Beobachtungen. Das Wachstum des Carapax zeigt sich an

den Rändern jedes einzelnen Schildes, ist aber am deutlichsten an den Costalschildern erkennbar. Bei idealen Bedingungen in der Natur wachsen die Schilder ständig. Dafür sorgt das von dem Tier aufgenommene Kalziumkarbonat (Kalkstein), Phosphor (Grünpflanzen) und Vitamin D (Wildpflanzen und eigene Körperproduktion), woraus Kalziumphosphat gebildet wird, jene Substanz, die für den Knochenbau verantwortlich ist.

Sobald die Schildkröten eine gewisse Größe ereicht haben, ist eine Geschlechtsunterscheidung leicht möglich. Oben ein Männchen von Testudo hermanni, unten ein Weibchen von Testudo graeca. Foto B. Kahl.

Geochelone elephantopus, die Galapagos-Riesenschild-kröte, in Gefangenschaft auf den Galapagos-Inseln, Ecua-dor.

Augustus, eine Testudo hermanni des Verfassers, demon-striert seine Kletterkünste. Augustus schaffte es, über diese glatte, vertikale Mauer zu klettern, die 50% höher als er selbst ist.

Während der Überwinterung werden kein Kalzium und Phosphor aufgenommen. Die Ränder der Schilder werden flach, wodurch an jedem Schild Markierungen entstehen. Die erhabenen Ringe zeigen das Wachstum, die eingesunkenen zeugen von Überwinterungen. Die Mitte jedes Schildes ist frei von Markierungen und zeigt die Größe an, die das Schild einmal beim Schlupf der Schildkröte hatte. Die orangenhautähnliche Oberfläche der Mitte ist ein Abdruck der Innenseite der ehemaligen Eischale.

Nach dem Zuvorgesagten sollte es eigentlich recht einfach sein, das genaue Alter einer Landschildkröte zu bestimmen. Allerdings kann diese Merkmalsausbildung durch verschiedene Einflüsse gestört werden, so daß eine Altersdiagnose anhand der Carapaxschilderringe viel schwieriger als erwartet und gelegentlich sogar unmöglich ist. In der Natur sind z.B. die Markierungen bei *Testudo graeca* bis zum fünften oder sechsten Lebensjahr gewöhnlich klar und deutlich. Zu diesem Zeitpunkt werden die Tiere geschlechtsreif. Sich nun verändernde Verhaltensmuster führen normalerweise zu einem in kleine Miniaturringe zerbrochenen Jahresring. Das Wachstum setzt sich dann verhältnismäßig gleichbleibend über viele Jahre fort. Während des Wachstums benötigt das Tier jährlich größer werdende Futtermengen, wofür es auch ein größeres Territorium unterhalten muß. Im Alter von etwa 20 Jahren hat das Tier dann den Zustand erreicht, daß es seine meiste Zeit mit der Suche nach Futter oder dem Vertreiben von Eindringlingen aus seinem Revier verbringt. Da ihm nur noch wenig Zeit zum Fressen verbleibt, reduziert sich die Wachstumsrate. Dieser Effekt kontrolliert die Maximalgröße einer Landschildkröte in der Natur. Er wird somit nicht von chemischen Abläufen im Körper gesteuert, sondern unterliegt äußeren Einflüssen. Dadurch ergibt sich ein bemerkenswerter Unterschied zum besser bekannten Wachstum bei den Säugetieren, die dort von chemischen Körperreaktionen abhängt.

In Gefangenschaft ist die Situation durch unzureichende Temperaturen, mangelhafte Ernährung und durch verhaltens- und gesundheitsbedingte Probleme viel komplizierter. Das trifft speziell auf Landschildkröten zu, die in großen Gruppen auf zu kleinem Raum gehalten werden. Eine genaue Analyse und Interpretation der Carapaxringe kann somit verläßlich dabei helfen, in der Vergangenheit begangene Haltungsfehler aufzudecken.

Bei der Natur entnommenen und nach Nordeuropa verbrachten Landschildkröten treten Veränderungen der Carapaxringe allgemein in den folgenden vier Formen auf:

1) Die Überwinterungskerben werden flacher.

2) Die Breite der Jahresringe verhält sich etwa proportional zu der Anzahl der Stunden pro Jahr, an denen das Tier eine Körpertemperatur von 30°C erreichen konnte. Bei in Nordeuropa in Gärten ohne künstliche Wärmeplätze gehaltenen Landschildkröten ist diese Stundenanzahl drastisch niedriger als im natürlichen Verbreitungsgebiet, was in einer erheblichen Veränderung der Ringbreiten resultiert.

3) Die Jahresringe werden von kleinen Einkerbungen unterbrochen, die durch vorübergehend unzureichende Sonnenbademöglichkeiten, Krankheiten oder schlechte Ernährung entstehen. Auch die Aufnahme von überwiegend schwer löslichem anstelle des gut löslichen, in Wildpflanzen enthaltenen Kalziumbikarbonats, kann der Grund dafür sein.

4) Die Ringe werden durch Kalziummangel hohl.

Alle diese Komplikationen bedeuten, daß eine Altersschätzung bei importierten Landschildkröten zwar möglich, keinesfalls aber exakt ist. Auf jeden Fall kann man sich jedoch ein ungefähres Bild von der Lebensgeschichte eines Tieres machen. Normalerweise kann das Erreichen der Geschlechtsreife und das Alter zum Zeitpunkt des Importes festgestellt werden. Manchmal ist sogar erkennbar, ob und wann das Tier seinen Besitzer gewechselt hat oder der Besitzer umgezogen ist. Gute Haltungsbedingungen sollten sich in gleichmäßigen, klaren Jahresringen zeigen.

Die Tatsache, daß Landschildkröten Zeit ihres Lebens wachsen, hat auch einen weitreichenden Effekt auf die Behandlung einiger Gesundheitsprobleme. Es sollte bedacht werden, daß das Tier nicht nur äußerlich größer wird, sondern daß auch die inneren Organe mitwachsen. Wenn beispielsweise beim Menschen eine Krankheit einen größeren Teil eines Organs zerstört, reicht es nicht aus, nur die Krankheit zu heilen. Die reduzierte Funktionsfähigkeit des Organs führt oftmals zu großen Folgeproblemen oder sogar zum Tode. Befindet sich eine Landschildkröte in einer solchen Situation, vorausgesetzt die Krankheit ist heilbar und eine Teilfunktion des Organs bleibt erhalten, regeneriert sich das Organ wieder vollständig.

Bei einer halbwegs angemessenen Haltung gibt es noch einen weiteren interessanten Nebeneffekt. In den überwiegenden Fällen sind importierte Landschildkröten bereits geschlechtsreif, denn importierte Jungtiere haben nur eine ziemlich geringe Überlebenschance. Der Verfasser kennt jedoch drei Beispiele von männlichen Tieren, die die Einfuhr vor der Geschlechtsreife überlebten. Sie waren zwar aufgrund vorangegangener Probleme sehr klein, interessanterweise hatten sich jedoch ihre Schwänze nur bis auf die halbe Normallänge entwickelt und ihre Plastren wiesen nicht die normale Konkavwölbung auf. Allen Besitzern wurden Hinweise zur Verbesserung der Haltungsbedingungen gegeben, ob das jedoch zu einer vollständig entwickelten Männlichkeit mit 30 Jahren Verspätung führt, ist fraglich!

Alle vorangegangenen Angaben sollten deutlich gemacht haben, daß der Begriff "alt" im Falle einer Schildkröte nur als Behelfswort zu betrachten ist und nicht die gleiche Bedeutung wie beim Menschen hat. Landschildkröten sterben durch Unfälle, Krankheiten, Unterernährung und schlechte Haltungsbedingungen, jedoch hat der Verfasser noch nicht eine einzige an Altersschwäche sterben sehen. Hundert Jahre alte Landschildkröten, gut gepflegt, sind aktiv, wachsen und vermehren sich. Einhundert Jahre ist für menschliche Begriffe nicht nur "alt", sondern schon dem Tode nahe. Es ist möglich, daß es auch bei Landschildkröten ein Höchstalter gibt, aber wenn das so sein sollte, sind wir noch weit davon entfernt, es zu kennen.

KRANKHEITEN

Dieses Kapitel ist kein medizinisches Nachschlagewerk oder eine vollständige Auflistung aller Gesundheitsprobleme, die bei Landschildkröten auftreten können. Es soll lediglich eine Hilfestellung bei der Diagnose und Behandlung von häufiger auftretenden Erkrankungen sein, die gelegentlich falsch behandelt werden. In jedem Zweifelsfall muß ein Tierarzt konsultiert werden, der mit Reptilien Erfahrungen gesammelt hat. In der Vergangenheit war das etwas schwierig, denn es gab nur sehr wenige Spezialisten auf diesem Gebiet. Heute ist es jedoch kein so großes Problem mehr, und es ist zu hoffen, daß sich künftig noch mehr Tierärzte für die Reptilienmedizin interessieren werden.

Magersucht

Die Schildkröten-Magersucht ist, nach den Erfahrungen des Verfassers, derzeit die häufigste direkte wie auch indirekte Ursache für Todesfälle unter adulten Landschildkröten in Nordeuropa. Sie ist aber auch gleichzeitig die von Pflegern, Tierärzten und Zoologen am wenigsten verstandene, potentiell tödliche Erscheinung. Damit ist die zweite Aussage gleichzeitig die Erklärung der ersten.

Magersucht ist bei Säugetieren eine eher psychische Erscheinung oder wird durch Vitaminmangel ausgelöst. Viele nicht auf Reptilien spezialisierte Tierärzte verabreichen deshalb hierbei eine Multivitamininjektion oder empfehlen "Gesellschaftshaltung" mit einem Partner. Beide Maßnahmen sind vielleicht bei Säugetieren angebracht, erweisen sich bei Schildkröten aber bestenfalls als wirkungslos, bewirken allerdings oftmals eher eine Verschlechterung des Zustandes.

Ursachen

Der Hauptauslöser von Magersucht bei Landschildkröten ist ein zu hoher Harnstoffgehalt im Blut. Harnstoff ist ein Nebenprodukt chemischer Körperfunktionen und wird gewöhnlich durch Urinieren ausgeschieden. Ein erhöhter Harnstoffwert hat je nach Konzentration unterschiedliche Auswirkungen, reduziert aber in jedem Fall den Appetit.

Obwohl jede Krankheit dieses Symptom hervorrufen kann, entstehen die schwerwiegendsten Probleme durch Maulfäule und nasale Infektionen. Bevor man also mit der Behandlung von Magersucht beginnt, muß das Tier eingehend auf Infektionen untersucht und diese nötigenfalls behandelt werden. Falsche Haltungstemperaturen verschlimmern das Problem.

Hat das Tier eine Körpertemperatur von 30°C, wird es hungrig, denn der Körper benötigt genau diesen Wärmewert zum Verarbeiten von Nahrung. Sinkt die Körpertemperatur nachts oder in der Winterruhe ab, vermindert sich auch der Appetit. Es ist dies eine natürliche und normale Reaktion. In der Nacht kann das Tier ohne Hungergefühl ruhig schlafen, und im Spätherbst kommt es dadurch zur Entleerung des Darms für die Winterruhe. Werden Landschildkröten im Freien gehalten, und es kommt im Sommer vorübergehend zu kühlen oder warmen aber wolkigen Witterungsphasen, ist das Resultat unglücklicherweise das gleiche - Unterernährung durch Appetitmangel. Ist dies das einzige Problem, sind die Gegenmaßnahmen einfach - ein Wärmestrahler und, wenn nötig, ein Anheben der Umgebungstemperaturen.

Hohe Harnstoffwerte entstehen sowohl durch falscher Haltung im Sommer als auch während der Winterruhe. Unter idealen Überwinterungsbedingungen werden die Fettreserven nur langsam aufgezehrt. Diese verwandeln sich in Ausscheidungsprodukte, die zum größten Teil aus Harnsäureverbindungen bestehen und in den Nieren gespeichert werden. Dadurch erhöht sich der Harnstoffgehalt im Blut langsam. Erwacht das Tier aus dem Winterschlaf, ist zunächst auch der Glukosegehalt im Blut vorübergehend erhöht. Er wirkt dem hohen Harnstoffwert entgegen und versorgt das Tier mit der nötigen Energie zum Sonnenbaden und der Suche nach Futter. Das Tier beginnt zu fressen, uriniert, und Harnstoff- und Glukosegehalt sinken schnell wieder auf ihre normalen Sommerwerte ab.

Ist das Temperaturgefüge falsch, entstehen verschiedene Probleme. Wird ein Tier beispielsweise während der Winterruhe warmen Temperaturen ausgesetzt und kann seine Körpertemperatur nicht bei wenigstens 10°C halten, wird es wach und verbraucht Energie (Glukose). In der Nacht, wenn die Temperatur abfällt, geht das Tier zurück in den Winterschlaf. Geschieht das in einer Überwinterungskiste, wird der Pfleger vermutlich nicht einmal etwas davon merken. Hierdurch ist aber nach Beendigung der Ruhephase im Frühjahr der Blutzuckerspiegel nicht mehr hoch genug, um den erhöhten Harnstoffpegel auszugleichen. Das Resultat ist Magersucht.

Der häufigste Auslöser dafür ist eine Überwinterung bei drei oder vier Grad über oder unter der optimalen Körpertemperatur. Unter diesen Umständen versucht die Schildkröte,

Oben: Geochelone elephantopus (Galapagos-Riesenschildkröte) auf Galapagos. Das bevor-
zugte Bergklima und die Vegetation unterscheiden sich stark von dem heißen, trockenen
Küstenklima der Charles Darwin Station, wo die Riesen in Gefangenschaft gehalten werden.
Unten: Diese Testudo graeca zeigt eine fortgeschrittene Panzernekrose, die über Jahre ver-
deckt und unbehandelt blieb und letztlich zum Tod des Tieres führte.
Beide Fotos vom Verfasser.

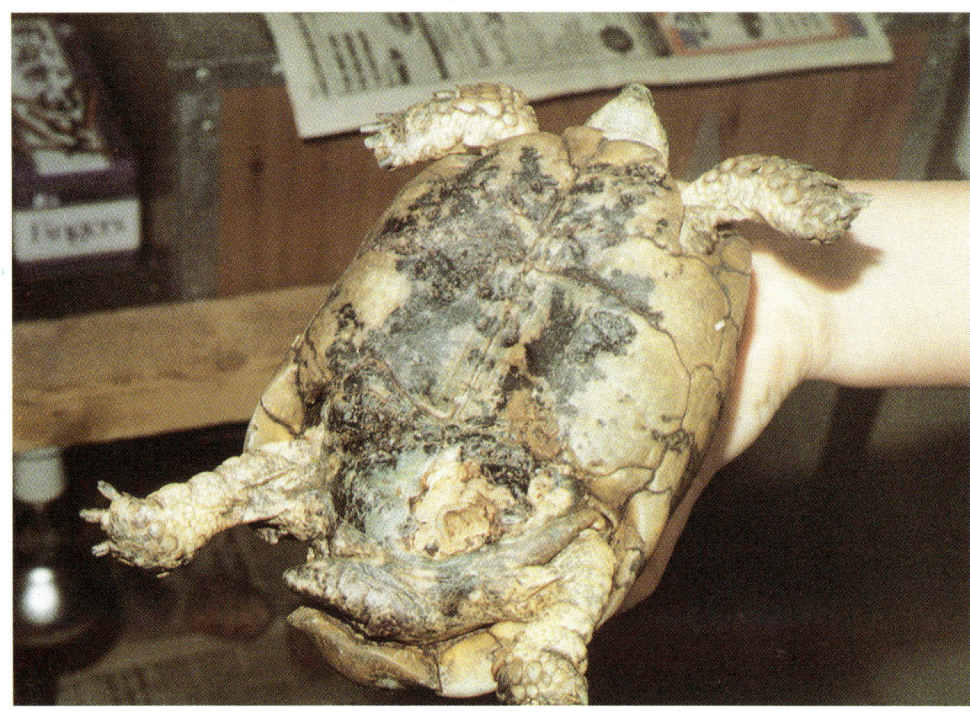

Eine Seychellen-Riesenschildkröte von der Insel Fregate vor der Ostküste Afrikas.

durch Graben wieder die optimale Körpertemperatur zu erreichen. In einer Überwinterungskiste hat sie damit keinen Erfolg, versucht es aber instinktiv kontinuierlich weiter, verbraucht dabei Körpersubstanz und speichert die entstehenden Ausscheidungsprodukte in den Nieren. So kann ein enormer Harnstoffüberschuß produziert werden, der die Werte auf das Hundertfache vom Normalen steigen läßt. Das Ausgleichssystem, das nur im Wachzustand arbeitet, kann aber lediglich das Zehnfache der Normalwerte bewältigen, so daß es unweigerlich zu schweren Magersuchterscheinungen kommt.

Es ist relativ einfach, eine Europäische Landschildkröte an der Winterruhe zu hindern. Tut man das, wird man feststellen, daß die Schildkröte während einer kalten oder stark bewölkten Wetterperiode irgendwann im Jahr die Nahrungsaufnahme einstellt und sich für zwei oder drei Wochen in eine Ruhephase begibt. Dabei kommt es in kurzer Zeit zu hohen Harnstoffkonzentrationen in den Nieren, da zuviel Energie verbraucht wird.

Tiere, die während des Sommers bei geeigneten Temperaturen und ebensolcher Ernährung gehalten wurden, werden ihre Nieren von Harnstoffansammlungen durch das Ausscheiden großer Urinmengen reinigen. Wurden die Tiere unter unzureichenden Bedingungen gehalten, scheiden sie nur kleine Mengen aus, und der Rest verbleibt in den Nieren. Zur Vermeidung von Magersuchterkrankungen ist also unbedingt eine korrekte Haltung im Sommer wie im Winter erforderlich.

Hohe Harnstoffwerte können somit die Folge nur einer einzigen falschen Überwinterung oder auch das Resultat vieler Jahre, bei eben nicht ganz akkuraten Überwinterungsbedingungen sein. Falsche Haltungsbedingungen in den Sommermonaten tun dann ein Weiteres.

Man muß stets bedenken, daß eine nicht-fressende Schildkröte ihren Energiebedarf durch ihre Fettreserven deckt und alle Ausscheidungsprodukte in den Nieren speichert. Das Resultat ist ein überhöhter Harnstoffwert, der eine Magersucht auslöst. Offensichtlich handelt es sich hierbei um einen Teufelskreis. Werden keine Gegenmaßnahmen ergriffen, steht das Endergebnis über kurz oder lang bereits fest. Der Prozeß der Harnstoffbildung wird zusätzlich beschleunigt, wenn das Tier seine Fettreserven völlig aufgebraucht hat. Der Aufbau von ausreichenden Fettvorräten zur Energieerzeugung ist ausgesprochen wichtig. Sind diese Reserven aufgezehrt, verbraucht das Tier stattdessen Proteine, die weniger Energie liefern, die Bildung von Harnstoff jedoch enorm beschleunigen. Eine Landschildkröte mit unzureichenden Fettreserven stirbt deshalb schneller an Magersucht.

Das Werbungsritual von Testudo graeca beginnt.

Die Quantität der gespeicherten Ausscheidungsprodukte kann in extremen Fällen geradezu unglaublich sein. Im schlimmsten vom Verfasser beobachteten Fall waren die gewöhnlich kremeartigen, weißen Harnsäureverbindungen bereits kristallisiert und ähnelten nach der Ausscheidung eher braunem Zucker. Die Nieren waren dadurch dermaßen geschwollen, daß ein durch den Schlund eingeführter Katheder nicht mehr den Magen erreichen konnte. Eine horizontale Röntgenaufnahme zeigte, daß die vergrößerten Nieren die Lungen schon zu einem schmalen Streifen unter dem Carapax zusammengedrückt hatten, wodurch das Tier unter erheblichen Atmungsproblemen litt. Es mag daher fast unglaublich klingen - jedoch erholte sich dieses Tier wieder völlig und lebt heute noch. Die Behandlung dauerte allerdings sehr lange.

Wie schwerwiegend ist Magersucht?

Generell hängt die Schwere der Erkrankung von der Menge der in den Nieren gespeicherten Ausscheidungsprodukte und den verbrauchten Fettreserven ab. Beides verhält sich grundlegend, aber nicht ausnahmslos, proportional zueinander.
Der Verlust von Körpersubstanz kann durch Wiegen und anhand genauer Messungen (bis 1 mm genau) des Stockmaßes des Carapax, vom Nuchal- bis zum Supracaudalschild, ermittelt werden. Das Gewicht in Gramm geteilt durch die Länge in Zentimetern, sollte bei einem gesunden erwachsenen Tier einen Wert zwischen 0,21 und 0,23 ergeben. Bei unterernährten Tieren liegt dieser Wert niedriger. Jedes Ergebnis unter 0,20 verlangt nach erhöhter Aufmerksamkeit, Werte unter 0,18 sind alarmierend, und bei etwa 0,15 tritt der Tod ein.
Der Verlust von Fettreserven ist allerdings nicht alles. Tritt Magersucht durch eine falsche Überwinterung bei einem ansonsten optimal gehaltenen Tier auf, liefert die Gewichtsmessung eine relativ genaue Auskunft über die Schwere der Erkrankung. Ist die Krankheit jedoch stattdessen eine Folge jahrelanger Harnstoffansammlungen durch eine ständig nur halbwegs richtige Haltung, kann das Tier seine Fettreserven jeden Sommer neu aufbauen und wird, zumindest zeitweilig, das Gewicht einer gesunden Schildkröte aufweisen. Diese Form der Magersucht ist dadurch schwerer zu beheben als die zuvor genannte.
Die Harnstoffmenge in den Nieren ist nicht einfach zu errechnen. Ist sie höher als normal, ist auch der Blutwert entsprechend erhöht und der Blutzuckerspiegel niedriger als Normal. Diese Werte können durch Bluttests ermittelt werden. Blutabnahmen sind bei Schildkröten nicht einfach, denn ihr Blutdruck ist niedriger als bei Säugetieren, und die Ergebnisse sind nicht immer vertrauenswürdig, da die Blutproben schon bei der Abnahme schnell verunreinigt werden kön-

Krankheiten rechtzeitig zu erkennen, ist meist sehr schwierig. Am besten ist es, seine Schildkröten immer gut zu beobachten, denn dann werden Auffälligkeiten, welche auf beginnende Krankheiten hinweisen, schneller erkannt und Gegenmaßnahmen können eingeleitet werden. Testudo marginata. Foto B. Kahl.

nen. Der Verfasser hält daher das je nach Schwere der Erkrankung veränderte Verhalten der Tiere noch für den sichersten Hinweis. Wird eine Landschildkröte unter nur halbwegs ausreichenden Bedingungen gepflegt, entwickelt sich eine Magersucht langsam und bleibt daher vom Pfleger anfangs meistens unentdeckt. Die folgenden Angaben sollen einen Überblick über den Verlauf und die Stadien bei Nichtbehandlung der Krankheit vermitteln.

1. Stadium: Die Landschildkröte frißt gut, ist aber manchmal mäkelig und nimmt nur ganz bestimmtes Futter an (meistens stark proteinhaltiges und/oder süßes Futter).

2. Stadium: Das Tier frißt relativ gut, ist aber wählerisch. Es trinkt innerhalb der ersten Wochen nach der Winterruhe und beginnt erst etliche Tage nach der Winterruhe mit der Futteraufnahme.

3. Stadium: Das Tier frißt nur bei heißem Wetter, nicht aber bei kühler oder wolkiger Witterung. Das ganze Jahr über wird häufig getrunken. Es fängt erst Wochen nach der Winterruhe wieder mit der Nahrungsaufnahme an und verliert Gewicht.

4. Stadium: Die Schildkröte stellt die Nahrungs- und Wasseraufnahme ein, gibt Urin und Kot ab, nimmt aber trotzdem Sonnenbäder. Sie verliert Gewicht. Fütterungen von Hand sind mit viel Ausdauer möglich.

5. Stadium: Das Tier frißt nicht und scheidet auch nicht aus. Die Muskulatur erschlafft. Zum Sonnenbaden sucht es Plätze mit genau 30°C, anstatt zwischen kühlen und heißen Stellen hin und her zu wechseln. Gewichtsverlust.

6. Stadium: Wie Stadium 5, jedoch meidet das Tier nun Wärme und Licht völlig und will am kältesten und dunkelsten Platz überwintern.

7. Stadium: Komatös; wird oft mit Winterschlaf verwechselt. Ohne sofortige Gegenmaßnahmen ist dieses Stadium kurz und endgültig.

Jeder Fall von Magersucht ist dabei verschieden. Einzelne Landschildkröten reagieren auf falsche Haltungstemperaturen unterschiedlich drastisch, weshalb die vorgenannten Angaben lediglich Anhaltspunkte und keine feststehenden Regeln sind.

Behandlung

Über die Jahre wurden zahlreiche Behandlungsmethoden empfohlen und ausprobiert. Die folgenden Angaben sind eine Zusammenfassung aller vom Verfasser getesteten Vorgehensweisen. Die erforderliche Behandlung einer Landschildkröte hängt zunächst von der Schwere der Erkrankung ab. In extremen Fällen kann die Behandlung sehr lange dauern und viel Geduld und Beharrlichkeit erfordern. In sehr ernsten Fällen kann Magersucht auch zu Schäden an den inneren Organen führen. Wenngleich vorübergehende Störungen dabei häufig sind, zeigen die Erfahrungen des Verfassers, daß irreparable Schäden doch nur selten auftreten.

Bei jeder Behandlung von Magersucht ist eine Datenaufzeichnung von größter Wichtigkeit. Gewichtskontrollen müssen täglich, möglichst vor und nach jeder Aktivitätsphase des Tieres durchgeführt werden. Alle Futterarten und Medikamente, die das Tier zu sich nimmt, sowie alle Ausscheidungen des Tieres, Temperaturen und alle Aktivitäts- und Verhaltensänderungen müssen aufgezeichnet werden. So kann jede Verbesserung gut mitverfolgt, und auftretende Probleme können anhand der Aufzeichnungen oftmals schnell erkannt und behandelt werden.

Behandlungsmethode Nr. 1

Es müssen die nun schon mehrfach beschriebenen, richtigen Temperaturverhältnisse geschaffen werden.

Kommentar:

Die Ursache für die Erkrankung wird dadurch ausgeschaltet, und die Landschildkröte wird sich erholen. Das trifft für Stadium 1 und generell auch für 2 zu, ist jedoch in schwereren Fällen nicht mehr ausreichend.

Behandlungsmethode Nr. 2

Multivitamininjektionen.

Kommentar:

Wird weit verbreitet angewandt, ist aber völlig wirkungslos.

Behandlungsmethode Nr. 3

Das Tier wird über eine Magensonde ein- bis zweimal täglich mit einer Glukoselösung versorgt.

Kommentar:

Es entspricht der natürlichen Methode des Tieres, nach der Winterruhe mit dem Problem umzugehen. In vielen leichte-

ren Fällen kann das erstaunlich erfolgreich sein, besonders in Situationen, wo das G/L-Verhältnis (Gewicht-Länge) noch über 0,22 liegt und die Krankheit durch nur eine falsche überwinterung ausgelöst wurde. Zeigt diese Methode innerhalb von 48 Stunden keinen Erfolg, ist sie wirkungslos. Diese Maßnahme wirkt entweder schnell oder gar nicht.

Behandlungsmethode Nr. 4

Keith Lawrence und Oliphant Jackson publizierten 1983 die ersten Ergebnisse erfolgreicher Behandlungen. Diese bestehen im Prinzip aus:

a) einer Körpertemperatur von 25 bis 30°C,

b) täglichen Gaben von Wasser und Hartmann-Lösung über eine Magensonde und

c) einmal wöchentlichen Complan-Gaben, ebenfalls über die Magensonde.

Kommentar:

1) Diese Methode ist viel wirkungsvoller, wenn die Körpertemperatur 29 bis 30°C beträgt.

2) Complan ist ein Milchprodukt. Seit Veröffentlichung dieser Behandlungsmethode wurde festgestellt, daß Milchprodukte bei Langzeitverabreichung schädlich sind. Es gibt effektive Alternativen.

3) In schweren Fällen, wo der Aufbau von Fettreserven nötig ist, kann diese Ernährungsweise den Tod zwar aufschieben, die Erkrankung aber nicht heilen. Die Methode erweist sich als wirksam bis Stadium 4, gelegentlich auch noch bei 5.

Behandlungsmethode Nr. 5

Sie ist eine grundlegende Verfeinerung und Verbesserung der Methode von Lawrence und Jackson und kann in jedem Stadium erfolgreich angewandt werden. Der Pfleger hat eigentlich nicht mehr zu tun, als das Tier warm zu halten und regelmäßig zu füttern.

1) Temperatur - Die Körpertemperatur des Tieres sollte für 16 bis 18 Stunden pro Tag bei 30°C gehalten werden. Das erreicht man entweder durch Sonnenbäder oder, wenn diese in schweren Fällen verweigert werden, durch die Unterbringung in einem Behältnis mit einer thermostatgesteuerten Lufttemperatur von 30°C. Bei schwerer Erkrankung wird das Tier die Wärme nur solange akzeptieren, bis es sich auf dem Weg der Besserung befindet. In diesem Fall kann dann stattdessen die Lufttemperatur auf 25°C abgesenkt und ein Son-

Plastralansicht einer Maurischen Land-schildkröte (Testudo graeca).
Foto: Isabelle Francais mit Hilfe von Herrn Abbott.

Plastralansicht der Griechischen Land-schildkröte (Testudo hermanni). Foto: Isa-belle Francais mit Hilfe von Herrn Ab-bott.

1.) Testudo hermanni 2.) Geochelone chilensis
3.) Testudo graeca 4.) Testudo horsfieldi
5.) Geochelone elegans
Fotos: Burkhard Kahl.

nenplatz mit 35°C angeboten werden. Die Körpertemperatur des Tieres wird geprüft, indem man eine Hand gegen die eigene Stirn und dann auf den Carapax legt - beide Flächen sollten gleich warm sein. Das Tier darf nicht weiter abkühlen. Man sollte es isoliert halten und nachts Lufttemperaturen von 20 bis 25°C bieten.

2) Fütterung - Die Schildkröte kann über eine Magensonde mit allen Futterarten ernährt werden, die verflüssigt werden können. Dabei gibt es einige praktische Schwierigkeiten. Futtersorten aus Fasern, Samen oder mit Schalen können den Katheder verstopfen. Zur langfristigen Gesunderhaltung sind zwar proteinarme, ballaststoffreiche Gemüsearten vorzuziehen, für die Schlauchernährung eignen sich allerdings proteinreiche und ballaststoffarme Sorten besser. Die Flüssigkeitsmenge ist hierbei zweitrangig, sie muß jedoch zumindest ausreichen, um ein Klumpen der Futtermasse im Schlauch zu verhindern. Der Futterbrei sollte mit Mineralstoffen und Vitaminen angereichert werden. Ist die Behandlungsdauer kürzer als vier Wochen, braucht kein zusätzliches Kalzium verabreicht werden. Hier versucht man, die weichen Teile des Körpers zu kurieren, nicht die harten. Kalzium in Form von zerriebener Sepiaschale oder Kalksteinmehl kann auch auf diese Weise verfüttert werden, vorausgesetzt es ist fein genug und kann den Katheder nicht verstopfen. Wie gesagt, ist dies aber nur bei Langzeitbehandlungen erforderlich. Die benötigte Futtermenge einer gesunden Landschildkröte steht im direkten Verhältnis zu ihrem Gewicht, welches sich wiederum direkt zur Länge verhält. Das Gewicht einer magersüchtigen Schildkröte weicht vom normalen ab, so daß dieser Maßstab für die Futtermenge unzuverlässig wird. Man hält sich deshalb besser an das Längenverhältnis als Richtlinie. Wird das Tier überfüttert, würgt es die Nahrung wieder aus. Erhält es zu wenig Futter, schreitet der Genesungsprozeß nur qualvoll langsam oder gar nicht voran. Man verwendet eine Formel aus L (Länge) hoch drei durch 333 als ersten Anhaltspunkt für die Tagesrationen; L ist die Carapax-Stocklänge in Zentimetern, das Ergebnis ist die Futtermenge in Gramm (oder Millilitern bei Flüssignahrung). Diese Menge wird vorzugsweise auf zwei Portionen verteilt, von der die erste eine Stunde nach Beginn eines Sonnenbades und die zweite weitere acht bis zehn Stunden später verabreicht wird.

3) Baden - Täglich ein warmes Bad, wenn auch vielleicht nicht wirklich wichtig, scheint doch hilfreich. Es regt die Ausscheidung von Verdauungsprodukten an und erleichtert das Warmhalten des Tieres.

4) Trinken - Lawrence und Jackson empfahlen eine Flüssigkeitsversorgung über eine Magensonde. Der Verfasser erachtet dies allerdings nicht als zwingend notwendig, denn zum einen wird Flüssigkeit zusammen mit dem Futterbrei verabreicht, und zum anderen kann das Tier dazu gebracht werden, wenn nötig selbständig Wasser aufzunehmen. Von Zeit zu Zeit bietet man dem Tier Wasser an, denn oftmals werden bei Magersucht größere Mengen getrunken. Das baut nicht nur den Flüssigkeitshaushalt wieder auf, sondern dient hauptsächlich der Harnstoffausspülung aus den Nieren. Jede Wasseraufnahme und anschließendes Urinieren bedeuten einen Erfolg auf dem Weg zur Besserung.

5) Gewichtszunahme - Die aufgenommene Nahrung benötigt vom Maul der Landschildkröte bis zum After etwa zwei bis drei Wochen. Unbehandelte, magersüchtige Landschildkröten haben normalerweise einen leeren Darm, so daß während der ersten zwei bis drei Wochen eine Zunahme von 10 g Körpergewicht pro 10 g verabreichter Nahrung stattfinden sollte. Danach nimmt das Gewicht durch Nahrungsaufnahme zu und durch Ausscheidungen ab. Diese Fluktuation kann anfangs recht groß sein, verflacht dann aber, sobald das Tier wieder Kontrolle über seinen Wasserhaushalt hat. Nach den ersten drei Wochen sollte das Tier langsam und stetig an Gewicht zunehmen, bis das normale Gewicht/Längen-Verhältnis wieder hergestellt ist.

6) Verdauung - Vor Ablauf von zwei bis drei Wochen nach der ersten Futteraufnahme wird kein Kot abgegeben. Gelegentlich kommt es etwas früher zu einer Ausscheidung, wenn der Verdauungstrakt halbvoll ist. Manchmal wird stattdessen eine farblose, geleeartige Masse ausgeschieden, die bei der Verdauung von Körperfett entsteht. Sehr selten tritt leicht grüner Kot auf, der ein Anzeichen für eine unvollständige Verdauung ist. In diesem Fall handelt es sich um eine über lange Zeit unbehandelte Magersucht, bei der im leeren Darm viele der natürlich vorhandenen, verdauungsfördernden Mikroorganismen abgestorben sind. Durch einen nicht ausgeglichenen Wasserhaushalt kann der Kot manchmal zu weich oder zu hart sein. Diese Probleme sind jedoch gewöhnlich nur von kurzer Dauer und geben sich von selbst. Mit zunehmender Besserung erscheint auch der Kot wieder in normaler Form und Farbe.

Die Urinausscheidung kann besonders in extremen Fällen sehr unregelmäßig sein, normalisiert sich aber ebenfalls stetig. Die Ausscheidung von Harnsäureverbindungen ist der wichtigste Faktor im Genesungsprozeß. Schlechterdings ist es auch der unberechenbarste Punkt. Die Ausscheidungsprodukte lösen sich nur langsam aus den Nieren und verlassen den Körper in kleinsten Mengen oder nur in Verbindung mit Wasserabgaben. Bei fortgesetzter Behandlung werden sie dann wieder in größeren Mengen als weiße, kremige Substanz ausgeschieden. Oftmals können die Nieren diese Kremeflüssigkeit nicht vom Wasser trennen und scheiden beides zusammen aus. Mit fortschreitender Wiederherstellung funktioniert auch diese Separierung wieder, und die Menge normalisiert sich.

In Extremfällen sind die Harnsäureverbindungen in den Nieren stark konzentriert, wodurch sie sich von Weiß über Gelb nach Braun verfärben und aus einer kremigen Masse eine dicke, letztlich kristalline wird, die wie brauner Zucker aussieht. In diesen Fällen dauert die Behandlung bis zu zwei Jahren, währenddessen ständige Kontrollen der Ausscheidungsabläufe allerdings eine stete Verbesserung bis zum Normalzustand zeigen sollten.

7) Körperliche Rehabilitation - Nach einer längeren Zeitspanne ohne Behandlung wird eine magersüchtige Landschildkröte träge. Generell schreitet diese Verschlechterung des Allgemeinzustands so langsam voran, daß sie von vielen Pflegern erst in einem bereits fortgeschrittenen Stadium bemerkt wird. Einige Individuen, besonders Männchen, bleiben trotz Gewichtsverlust aktiv und aufmerksam. In solchen Fällen tritt die Lethargie ganz plötzlich auf. Das Tier wird völlig kraftlos, kann sich nicht mehr auf den Beinen halten, bricht auf seinem Plastron zusammen und hat Mühe, den Kopf zu heben. Weniger offensichtlich ist die Tatsache, daß die Blasenmuskulatur und jene, die für den Transport des Futters durch den Darm sorgt, ebenfalls nicht mehr effektiv arbeiten. Nur durch ein beharrliches Fortsetzen der Behandlung werden dann all diese Fähigkeiten langsam wiederhergestellt.

Timing

Bis hierher sollte deutlich geworden sein, daß die ersten Anzeichen einer Magersucht normalerweise im Frühjahr erkennbar werden, wenn die Landschildkröten aus dem Winterschlaf erwachen. Wird eine sofortige Behandlung eingeleitet, ist eine völlige Ausheilung selbst schwerer Fälle bis zur nächsten Winterruhe möglich. Unglücklicherweise lassen manche Pfleger erst einige Zeit verstreichen, bis sie sich um Hilfe bemühen. Noch schlimmer sind jedoch die Pfleger dran, die zwar umgehend um Hilfe bitten, diese sich dann jedoch als unzureichend erweist. In solchen Fällen beginnt die wirkliche Behandlung erst später im Jahr, wodurch der folgende Winter der noch nicht abgeschlossenen Behandlung im Wege steht. Nötigenfalls muß dann der Beginn der Winterruhe hinausgezögert werden, indem das Tier weiterhin unter sommerlichen Bedingungen (wie bereits mehrfach beschrieben) gehalten wird.

Auch ist ein völliges Übergehen der Winterruhe möglich, doch kann das aus den bereits bekannten Gründen wiederum zu Magersucht führen. Deshalb empfiehlt sich eine Einwinterung nach Abschluß der Behandlung, welche dann eben nur ein oder zwei Monate dauert. Dabei müssen die Temperaturen unbedingt genau überwacht werden, damit es nicht zu einem erneuten Ausbruch der Erkrankung kommt. Unter diesen Umständen ist es wichtig, die Vorbereitungszeit mit nur drei Wochen recht kurz zu halten und die Körpertemperatur nach der Winterruhe schnellstmöglich wieder auf 30°C anzuheben (vorzugsweise innerhalb von 24 Stunden).

Wichtige Punkte

1) Zeigt eine Landschildkröte auch nur ein Anzeichen von Magersucht, ist das bereits ein Hinweis auf eine nicht angemessene Haltung. Hier muß schnellstens korrigierend eingegriffen werden.

2) Stellt ein Tier die Nahrungsaufnahme ein, muß sofort etwas dagegen unternommen werden. Anderenfalls wird der Zustand nicht besser, sondern nur noch schlechter.

3) Wurde ein Tier eine Zeit lang über einen Katheder ernährt, und man möchte es wieder entwöhnen, so ist der beste Zeitpunkt zur selbständigen Futteraufnahme direkt nach einer Schlauchfütterung. Das klingt zwar ziemlich widersprüchlich, ist aber wahr. Man darf das Tier nicht hungern lassen, um den Appetit zu wecken; das hat bei magersüchtigen Schildkröten überhaupt keinen Erfolg.

4) Man braucht Geduld. Es ist nicht zu erwarten, die Folgen jahrelang unzureichender Haltungsbedingungen in ein paar Minuten kurieren zu können. Die Wiederherstellung benötigt normalerweise ebenso lange, wie das Tier bereits unter der

Bei dieser Testudo horsfieldi sind äußerlich auch keine Krankheitsmerkmale erkennbar. Die prallen Beine deuten auf eine gute Futterversorgung hin. Laufen Schildkröten hochbeinig durch ihr Gehege, so ist dies ein gutes Zeichen für ihr Wohlbefinden und ihre Gesundheit. Foto B. Kahl.

Gesundheitsstörung leidet, und kommt es zu Komplikationen, kann es doppelt so lange dauern. Aber nicht aufgeben! Es ist erstaunlich, was mit Sorgfalt, Ausdauer, genauer Beobachtung und Feingefühl erreicht werden kann. Die Erfolgsrate des Verfassers beträgt etwa 98%.

Zwangsernährung

Ist eine Landschildkröte nur mäßig an Magersucht erkrankt, kann man versuchen, das Maul zu öffnen und die Zunge mit Futter zu berühren. Das Tier wird das Futter annehmen und mit etwas Glück noch mehr fressen, wenn man das nächste Futterstück rechtzeitig in das Maul stecken kann, das zum Abschlucken des vorangegangenen für einen Moment geöffnet wird. Diese Methode kann kurzfristig erfolgreich angewandt werden, ist aber sehr zeitaufwendig. Auch werden manche Schildkröten durch das ständige gewaltsame Öffnen des Maules sehr widerspenstig, und in schweren Fällen ist diese Methode natürlich völlig unzureichend. Die Alternative heißt Schlauchernährung. Sie ist auch bestens zur Verabreichung von Medikamenten, speziell bei der Behandlung von Innenparasiten geeignet.

Viele Pfleger zeigen eine große Abneigung gegen diese Form der Zwangsernährung, läßt man jedoch Sorgfalt walten und zeigt Ausdauer, ist es kein schwieriger Prozeß. Am wichtigsten ist eine feinfühlige Durchführung, damit das Tier nicht leiden muß. Der Verfasser hatte schon "Patienten", die bei einer langwierigen Schlauchernährung bereitwillig das Maul öffneten, wenn sie nur den Katheder sahen. Der gewissenhafte Pfleger sollte diese Technik beizeiten lernen - sie kann Leben retten.

Solange eine Landschildkröte aktiv in ihrem Gehege herumläuft und gut frißt, ist keine Gefahr einer Krankheit in Verzug. Erst wenn Aktivität und Freßverhalten sich ändern, muß nach einer beginnenden Krankheit gesucht werden. Diese Testudo hermanni ist sehr aktiv und gesund. Foto B. Kahl.

Ausführung

Am einfachsten ist die Durchführung zu zweit. Man kürzt einen normalen Plastikkatheder für Hunde, den man im tiermedizinischen Bedarfshandel kaufen kann, auf eine für Schildkröten geeignete Länge. Dieser Schlauch wird nun auf eine Plastikspritze gesteckt. Am besten benutzt man eine, die für die zu verabreichende Futterquantität die passende Größe hat. Katheder und Spritze werden gründlich von innen und außen gereinigt, die Spritze danach gefüllt und der Inhalt in den Schlauch gedrückt.

Nun setzt man sich auf einen Stuhl und achtet darauf, daß man selbst und das Tier nicht durch andere Personen gestört werden kann. Ein altes Handtuch über die Knie gelegt, verhindert das Verschmutzen der Kleidung. Man hält Schwanz und Hinterbeine der Schildkröte zwischen den Beinen, wobei der Kopf zur rechten Hand zeigt und der Körper sich in einem 45°-Winkel zum Boden befindet. So hat man das Tier unter Kontrolle und beide Hände frei. Diese Position veranlaßt die Schildkröte meistens dazu, Vorderbeine und Kopf aus Gründen des Gleichgewichts hervorzustrecken, was einem das Herausziehen des Kopfes erspart.

Man hält den Hinterkopf der Schildkröte mit Daumen und Zeigefinger der linken Hand und gestattet ihr das Einziehen von Hals und Fingern bis zum Carapaxansatz. Die vielleicht vorhandene Hautfalte am Hals schiebt man vorsichtig zurück, damit sie nicht eingeklemmt werden kann. Man muß die Finger langsam bewegen und darf nicht zurückzucken, wenn

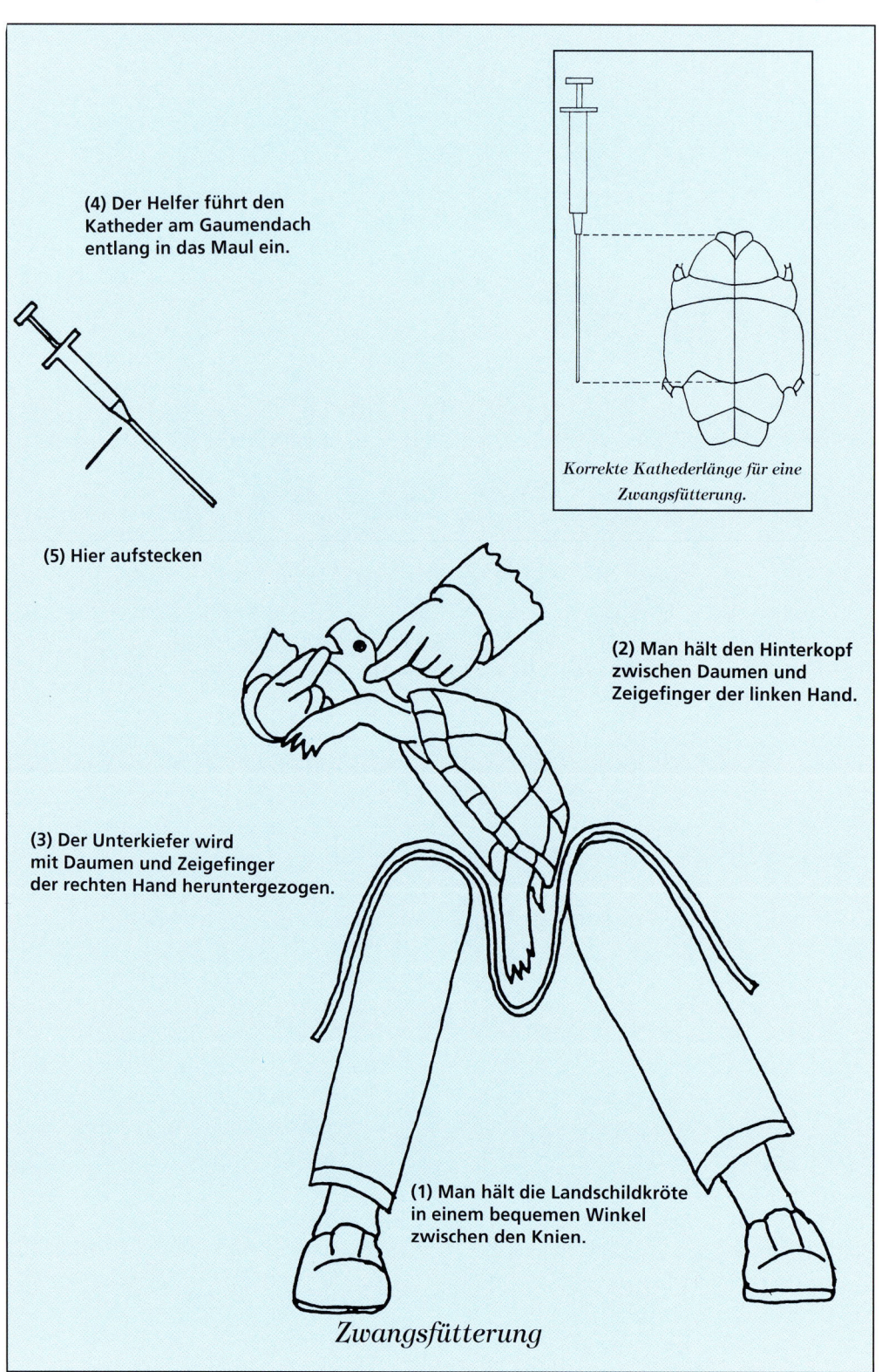

(4) Der Helfer führt den Katheder am Gaumendach entlang in das Maul ein.

Korrekte Kathederlänge für eine Zwangsfütterung.

(5) Hier aufstecken

(2) Man hält den Hinterkopf zwischen Daumen und Zeigefinger der linken Hand.

(3) Der Unterkiefer wird mit Daumen und Zeigefinger der rechten Hand heruntergezogen.

(1) Man hält die Landschildkröte in einem bequemen Winkel zwischen den Knien.

Zwangsfütterung

Nur gut genährte Schildkröten dürfen in die Winterruhe gebracht werden. Fressen Schildkröten nicht, kann eine Zwangsernährung erwogen werden. Eventuell ist dann die Winterruhe zeitlich zu verschieben. Testudo hermanni. Foto B. Kahl.

sich das Tier bewegt - plötzliche Bewegungen machen es nur noch nervöser. Mit Daumen und Zeigefinger der rechten Hand wird nun der Unterkiefer aufgedrückt. Generell ist das nicht schwierig, allerdings gibt es zwei Situationen, wo etwas Geschick und Kraft erforderlich sind. Zum ersten kann das Maul mit verhärtetem Speichel verklebt sein, wenn es das Tier seit langem nicht geöffnet hat. In dem Fall schiebt man seine Fingernägel zwischen die beiden Kiefer und benutzt sie als Hebel. Zum anderen kann eine große, warme, gesunde Landschildkröte, der man z.B. routinemäßig Entwurmungsmittel verabreichen will, recht kräftig sein. Sie wird ihre Vorderkrallen und Beinschuppen einsetzen, um den Griff zu lockern. Hier benutzt man Mittel- und Ringfinger beider Hände zum Festhalten der Beine.

Die zweite Person führt nun den Katheder gleichmäßig langsam, am Gaumendach des Maules entlang, in den Schlund ein. Der Schlauch sollte leicht und widerstandslos gleiten. Nun wird der Spritzeninhalt behutsam durch den Katheder in den Magen gepreßt und der Schlauch dann wieder langsam herausgezogen. Der gesamte Vorgang sollte nicht län-

ger als zehn Sekunden dauern. Richtig ausgeführt, wird die Prozedur anstandslos vom Tier akzeptiert. Dauert die Zwangsfütterung zu lange, versucht sich die Schildkröte freizukämpfen, und die Angelegenheit wird um Vieles schwieriger.

Es ist natürlich möglich, diese Prozedur auch alleine durchzuführen, was jedoch einiges an Geschicklichkeit erfordert, so daß eine Zweipersonen-Aktion doch praktischer ist. Ist diese zweite Person nicht verfügbar, benutzt man Daumen und Zeigefinger der linken Hand zum Halten des Kopfes, öffnet das Maul mit der rechten Hand, hält es mit der linken Zeigefingerspitze offen und führt den Katheder mit der rechten Hand ein - nicht ganz einfach, wenn das Tier nicht mitarbeitet.

Unfälle

Gelegentlich kann man adulte Landschildkröten mit Carapaxschäden sehen, die offensichtlich ein Resultat verheilter Knochenbrüche sind. Obwohl sie genauso gut die Folge eines Unfalls sein können, entstehen doch die meisten Fälle einfach durch unsachgemäßen Fang. Wenn Landschildkröten aus der Natur weggefangen werden, suchen die Fänger gezielt nach verräterischen Erdaufwürfen und graben das Tier dann mit einem Spaten aus. Unvorsichtig durchgeführte Spatenstiche sorgen dann für die unübersehbaren Folgen. Die natürliche Heilung solcher Verletzungen hängt von einer Reihe von Faktoren ab:

1) Von der Schwere der Verletzung,

2) wie sauber die Wunde gehalten wird,

3) dem allgemeinen Gesundheitszustand des Tieres, denn je effektiver das Immunsystem arbeitet, umso besser ist der Heilungsprozeß.

4) Von der Körpertemperatur, denn ist sie niedriger als 30°C, wird der Heilungsprozeß verlangsamt.

5) Von der Ernährung, denn Fleisch und Knochen können nicht richtig wachsen, wenn das "Rohmaterial" fehlt. Besonders Carapaxverletzungen können ohne ausreichende Mengen an Kalzium nicht kuriert werden.

Verhinderung von Unfällen

Einige Ratschläge zur Unfallverhinderung.

1) Vor dem Einsatz von Gartengeräten, dem Verbrennen von Laub oder dem Umsetzen von Komposthaufen, müssen alle Schildkröten sicher in ihren Gehegen untergebracht sein. Schon die kleinste Unachtsamkeit kann schreckliche Folgen haben.

2) Vorsicht bei der Gartenarbeit, besonders beim Gebrauch von Harken.

3) Gesunde Landschildkröten klettern gerne. Haben sie jedoch einen erhöhten Punkt erklommen, fallen oder rutschen sie gewöhnlich wieder hinunter. Deshalb darf der Boden um Steingärten oder Treppen niemals gepflastert oder betoniert sein. Auch sollten Mauern nicht mit kräftigen Kletterpflanzen bewachsen sein.

4) Schildkröten dürfen keinen Zugang zu Gartenteichen und Schwimmbecken haben. Tritt der schlimmste Fall ein, hält man das Tier mit dem Kopf nach unten und bewegt die Vorderbeine langsam auf und ab, um das Wasser aus den Lungen zu pressen. Danach braucht das Tier Wärme, um sich zu erholen. Wenn eine Landschildkröte in kaltes Wasser fällt, verlangsamt der Temperaturschock vermutlich Atmung und Herzschlag. Dadurch ertrinken Schildkröten langsamer als Säugetiere, oftmals erst nach Stunden anstatt innerhalb von

Minuten. Trotzdem ist dem Tier ohne prompte Hilfe der Tod sicher.

5) Landschildkröten sollten nicht in einem Regal überwintert werden, unter dem sich ein Betonfußboden befindet. Ein Unglück ist vorprogrammiert, wenn das Tier aufwacht und aus seinem Behältnis klettert.

6) Landschildkröten dürfen niemals Zugang zu Straßen oder Gebäuden haben, in denen sich Fahrzeuge befinden.

Behandlung von Unfallschäden

In der Behandlung von Unfallverletzungen wie Schnittwunden und Knochenbrüchen gibt es keine grundlegenden Unterschiede zu der bei Säugetieren. Leichte Schnittwunden werden wie beim Menschen gereinigt, mit einer antiseptischen Salbe behandelt und gegebenenfalls verbunden. Pflaster können zum Sauberhalten einer Wunde hilfreich sein.

Gebrochene Gliedmaßen werden wie bei Säugetieren gerichtet und geschient. Unglücklicherweise gab es bei Tierärzten eine Tendenz dazu, anstatt dessen eine Laufrolle am Plastron festzukleben und das Bein ungeschient zu lassen, wodurch der Knochen natürlich schief zusammenwächst. Eine solche Laufrolle ist nur für eine beinamputierte Schildkröte im Haus von Nutzen, draußen ist sie lediglich eine Bremse.

Gebrochene Rücken- oder Bauchpanzer wurden früher von Tierärzten "verkittet". Beim Schließen des Panzerschadens mit Epoxydharz können sich jedoch Panzernekrosen und andere Folgeerkrankungen darunter entwickeln. Das in den Bruch gelangende Epoxydharz macht ein völliges Zusammenwachsen fast unmöglich. Untersuchungen an so behandelten Carapaxbrüchen zeigten in den meisten Fällen noch nach fünf Jahren Folgeinfektionen und in etlichen eine unvollständige Heilung.

Bei den meisten Brüchen kann der Carapax gerichtet und geschient werden. Diese Behandlungsmethode kostet den Tierarzt natürlich mehr Zeit und Aufwand und ist daher auch teurer als das Verkleben. Allerdings garantiert sie dafür auch ein besseres Ergebnis.

Mit dem nötigen Fachwissen kann ein Carapaxbruch auch mit Epoxydharz erfolgreich repariert werden. Besondere Sorgfalt muß darauf verwandt werden, daß alle mit dem Harz zu verschließenden Partien vorher peinlichst gesäubert werden, was nicht einfach ist. Eine gegebenenfalls vorhandene Panzernekrose muß unbedingt vorher behandelt werden, denn sonst breitet sie sich unter dem Harz weiter aus. Es sollte nur tiermedizinisches Harz wie es zum Reparieren von Hufverletzungen eingesetzt wird, benutzt werden. Der Bruch wird erst mit einer antiseptischen Salbe und/oder einem selbstauflösenden Gewebe gefüllt, damit das Harz nicht in den Bruch eindringen und ein Zusammenwachsen verhindern kann. Danach sollte der Bruch von Zeit zu Zeit von einem Tierarzt auf Folgeinfektionen überprüft werden.

Die tierärztliche Behandlung ist jedoch nur der halbe Weg zur Heilung. Es ist sehr wichtig, das Tier gesund, warm, gut genährt und bei einer kalziumreichen Diät zu halten, damit eine Heilung stattfinden kann. Carapax- oder Knochenbrüche können während der Winterruhe nur schlecht oder überhaupt nicht zusammenwachsen, denn die Kalziumsynthese ist dann vorübergehend unterbrochen. In diesem Fall ist eine nur etwa zweiwöchige Winterruhe und eine Haltung unter optimalen Sommerbedingungen für die restliche Zeit ratsam.

Hunde

Eigentlich ignorieren Hunde Schildkröten einfach. Allerdings sieht man regelmäßig eine kleine, aber auffallende Anzahl von Landschildkröten mit verräterischen Zahnabdrücken auf dem Carapax. Befragungen der Besitzer bringen es dann an den Tag. Jeder sagt, er hätte nie gesehen, wie es dazu gekommen ist, jeder sagt: "Mein Hund tut so etwas nicht."

Der Instinkt von Hunden ist der von fleischfressenden Rudeljägern. Als Haustiere akzeptieren sie den Besitzer als Rudelführer, der nun auch die Futterbeschaffung übernimmt. Ist der Rudelführer nicht anwesend, schaltet der Hund wieder auf Selbstversorgung um und geht auf die Jagd nach Futter - das auch aus einer Landschildkröte bestehen könnte.

Schildkröten und Hunde sollten grundsätzlich getrennt gehalten werden. Bestehen Gründe zur gemeinsamen Haltung, sollte man nie beide unbeobachtet zusammen lassen. Man läßt seine Kinder auch nicht unbeaufsichtigt in einem Tigerkäfig spielen, nur weil der Besitzer beteuert, daß der Tiger freundlich und wohlgenährt ist und niemals vorher einen Menschen gefressen hat!

Allgemeine Gesundheit

Bevor wir uns anderen Krankheiten zuwenden, soll erst einmal verdeutlicht werden, wie eine gesunde Landschildkröte aussieht. An Sommertagen sollte sie handwarm sein, zügig auf den Krallenspitzen laufen und beim Stehen den Boden nicht mit dem Plastron berühren. Ungestört sollte sie ein erkundungsfreudiges, neugieriges Verhalten zeigen und ihre Umgebung interessiert "beriechen". Bei Anzeichen von Gefahr soll sie verharren, Hals und Nase in die Höhe strecken, und die Kehlhaut sollte beim Analysieren der Gerüche vibrieren. Wird sie hochgenommen, sollte sie ihren Unwillen durch ein Fauchen zeigen und versuchen, sich zu befreien. Verhält sich eine Landschildkröte nicht so, ist etwas nicht in Ordnung. Sie könnte an einer Krankheit oder Mangelerscheinung leiden, innere Verletzungen haben oder schlicht falsch gehalten werden.

Quarantäne

Werden Landschildkröten in Gruppen gehalten und ein Tier leidet an einer Infektion oder ansteckenden Krankheit, muß ein Übergreifen auf die anderen verhindert werden. Man separiert also das kranke Tier von den gesunden. Die meisten Pfleger sind hier recht nachlässig. Sie blockieren einen Übertragungsweg, aber nicht alle, und unglücklicherweise kann ein Riß in der Einfriedung nur allzu oft ein Riß zuviel sein.

Man sollte also schon im Vorfeld darüber nachdenken, wie man ein krankes Tier von anderen separieren kann. Erkranken mehrere Tiere, wohin dann mit den gesunden? Hält man sie besser im Haus oder draußen? Sind mehrere Tiere krank und werden einzeln behandelt, wie kann man dabei eine Wiederansteckung verhindern? Sind Männchen und Weibchen befallen, ist dann der Platz zur Separierung der Geschlechter vorhanden?

Der Verfasser hat daher nicht nur eine permanente Isolierstation, sondern zusätzlich einen Vorrat von Thermo-Bausteinen, aus denen innerhalb von fünf Minuten eine geeignete Quarantänestation aufgebaut werden kann. Es ist hilfreich, wenn man zwischen infektiösen und nicht infektiösen Erkrankungen unterscheiden kann, aber im Zweifelsfall sollte man jedes Problem erst einmal als ansteckend betrachten.

1) Ein krankes Tier muß schnellstmöglich von gesunden getrennt werden.

2) Alle für Bodengrund und Schlafplatz verwendeten Materialien müssen möglichst oft durch neue ersetzt werden.

3) Kot und Urin dürfen nicht in Kontakt mit Futter kommen.

4) Bei den täglichen Arbeitsabläufen sollten immer zuerst die gesunden und danach die kranken Tiere versorgt werden.

5) Das Futter muß separiert werden. Mit anderen Worten, nicht gefressenes Futter der kranken darf niemals an die gesunden Schildkröten weitergegeben werden.

6) Der Pfleger darf nie von der Krankenstation direkt zum Standort der gesunden Tiere wechseln.

7) Nach dem Umgang mit kranken Tieren müssen die Hände und alle verwendeten Gerätschaften gründlich gereinigt werden.

8) Die Behausungen von kranken Schildkröten müssen gründlich gewaschen und desinfiziert werden, bevor andere Tiere einziehen können.

9) Alle Unterbringungen sollten generell so oft wie möglich und regelmäßig gesäubert und desinfiziert werden.

Bakterien und Viren kann man nicht sehen, man muß aber immer auf ihr Vorhandensein vorbereitet sein und dementsprechend handeln. Das Verhindern von Krankheiten ist stets einfacher als sie zu heilen.

Todesfälle

Der Verfasser kennt Fälle, bei denen Landschildkröten für tot erklärt wurden, jedoch nicht wirklich tot waren. Das klingt paradox, ist aber wahr. Bei einer kranken und/oder kalten Landschildkröte können Herzschlag, Atmung und andere Körperfunktionen so stark reduziert sein, daß man das Tier tatsächlich für tot halten kann. Ein Pfleger, gerade auf dem Weg, eine verstorbene Schildkröte beerdigen zu wollen, besuchte den Verfasser. Die Diagnose "tot" war kurz zuvor von einem Tierarzt bestätigt worden. Diese Landschildkröte ist heute genesen, gesund und munter.

Das Problem war, daß das Tier unter einer schweren Infektion litt. Der Pfleger brachte es zu seinem Tierarzt, der ganz richtig eine Antibiotikainjektion verabreichte. Leider reagierte das Tier auf dieses Medikament allergisch, und das Ergebnis war ein medikamentöses Koma, das fälschlich als Exitus diagnostiziert wurde. Dieser Pfleger glaubt nun, der Verfasser könnte über Wasser laufen, weil er seine Landschildkröte ins Leben zurückrief. Dabei tat er eigentlich nichts anderes, als das Tier für eine Woche bei einer Temperatur von 30°C zu halten und auf ein Nachlassen der Medikamentenwirkung zu warten. Dann behandelte er die Schildkröte wie bei Magersucht. Um festzustellen, ob eine Landschildkröte wirklich tot

ist, legt man das Tier für 15 bis 30 Minuten unter einen Wärmestrahler. Schlägt das Herz noch, wird der gesamte Körper gleichmäßig warm. Ist das Tier tot, wird der Carapax kochend heiß, die Gliedmaßen bleiben aber kalt.

Stirbt eine Schildkröte an einer Infektion, muß der Kadaver außerhalb der Reichweite von anderen Tieren, Menschen und Nahrungsmitteln gehalten werden. Der tote Körper ist voll von infektiösen Bakterien und sollte verbrannt oder bei einem Tierarzt abgeliefert werden. Alle Plätze, Einrichtungen und Behältnisse, mit denen das Tier Kontakt hatte, müssen desinfiziert werden. Nachdem man sich des Kadavers entledigt hat, müssen Hände, Arme, Kleidung und Transportbehältnisse ebenfalls gründlich gewaschen werden. Besitzt der Pfleger noch andere Schildkröten, sollten diese zur Sicherheit sofort einem Tierarzt vorgestellt werden.

Vor zehn Jahren noch galt jede Erkrankung bei Landschildkröten als nicht heilbar. Seitdem sind im Umgang mit allen häufigeren Erkrankungen große Fortschritte erzielt worden.

Osteodystrophie

Sie ist extrem häufig. 99% aller in Gefangenschaft gehaltenen Landschildkröten zeigen mehr oder weniger schwere Symptome von Knochenerweichung. Die Ursache dafür ist Kalziummangel. Theoretisch kommen auch andere Ursachen wie Phosphor-, Vitamin D- oder Sonnenlichtmangel in Frage, aber bei jedem bisher vom Verfasser behandelten Fall führte eine auf etwa 50% der Gesamtfuttermenge erhöhte Kalziumkarbonatzufuhr zu einer erheblichen Verbesserung des Zustands. Die Veränderung anderer Faktoren zeigten hingegen keine meßbaren Unterschiede. In Extremfällen kann eine Landschildkröte für kurze Zeit mit einer Diät aus 60 bis 70% Kalziumkarbonat und nur 40 bis 30% Gemüseanteil ernährt werden. So tritt eine Verbesserung schnellstmöglich ein. Der Verfasser versichert, daß diese Prozentangaben absolut korrekt sind und findet es ausgesprochen schwierig, manche Pfleger davon zu überzeugen, wie wichtig ausreichende Kalziumgaben sind.

Panzernekrose

Ein sehr häufig auftretendes Problem mit Symptomen bei etwa 75% der Landschildkröten in Gefangenschaft. Allgemein wird die Krankheit weder vom Pfleger noch vom Tierarzt erkannt.

Die Oberfläche von Carapax und Plastron besteht aus mehreren Schichten. Die Außenschicht ist ein hartes, dem menschlichen Fingernagel ähnliches Material. Darunter befindet sich eine weiche, stoßdämpfende, darunter eine harte knöcherne Schicht. Wird die Außenschicht leicht beschädigt, und vorausgesetzt die Stelle wird sauber, das Tier warm und bei einer ausgewogenen, kalziumreichen Ernährung gehalten, heilt die Wunde und hinterläßt nur eine kleine Narbe. Ist das Tier aber kalt, leidet an Kalziummangel und wird nie gewaschen, dringen Bakterien in die Wunde ein und ernähren sich von der weichen, stoßdämpfenden Schicht. Diese Organismen bevorzugen generell eine sauerstoffarme Umgebung. Ein mit Öl oder Schmutz überzogener Carapax bietet diesen Bakterien daher ideale Bedingungen.

Ein leichter Fall von Panzernekrose kann an einer helleren Oberflächenfärbung um die betreffende Stelle herum erkannt werden. Die Farbveränderung entsteht durch die Unterhöhlung der Außenschicht. Obwohl Panzernekrose an jeder Stelle des Carapax oder Plastrons auftreten kann, wird am häufigsten der hintere Carapaxteil der Weibchen befallen. Wird die Infektion nicht behandelt, schreitet die Krankheit stetig voran und kann die gesamte Carapaxoberfläche zerstören. Sie kann auch in die tieferen Lagen des Panzers bis auf die stützende Knochenschicht vordringen und damit den Weg für andere Infektionen ebnen.

Vorbeugung

Es ist kaum zu glauben, daß es für eine solch üble Erkrankung eine Vorbeugung gibt, aber es ist so. Hält man seine Landschildkröten sauber, kann es gar nicht erst dazu kommen. Kein Öl benutzen! Regelmäßiges Waschen mit Wasser und Seife ist gewöhnlich ausreichend. Wurde der Carapax eingeölt, müssen effektivere Reinigungsmittel verwendet werden.

Behandlung

Die beschädigten Panzerstellen werden ausgebrochen und die infizierten Stellen mittels einer Zahn- oder Nagelbürste mit einer medizinischen Reinigungslösung gesäubert. Damit nichts in die Augen des Tieres gelangt, wird der Kopf mit einem Handtuch abgedeckt. Dieser Vorgang wird über ein bis zwei Wochen täglich und dann wöchentlich wiederholt. So werden die Bakterien abgetötet. Das Tier muß warm gehalten und mit einer kalziumreichen Diät ernährt werden. Ist die stützende untere Knochenschicht nicht stark beschädigt, werden die Wunden heilen. In jedem Fall wird diese Behandlung eine sichtbare Besserung bewirken. Bei schwerem Befall kann die Heilung langwierig sein und viel Geduld erfordern. Hat die Infektion bereits die knöcherne Schicht befallen oder kommt es zu Blutungen, sind antibiotische Injektionen oder Salben erforderlich. Der Tierarzt weiß hier Rat.

Infektionen

Sind Landschildkröten warm, sauber und gut genährt, haben sie gewöhnlich ein effektives Immunsystem, so daß Infektionsprobleme eigentlich nicht existieren. Kommt es doch zu einer Infektion, zum Beispiel durch eine verschmutzte Wunde, ist die Behandlung die gleiche wie bei Säugetieren: reinigen, desinfizieren und nötigenfalls eine Antibiotikainjektion. Die Effektivität dieser Behandlung ist zum großen Teil von einer korrekten Pflege abhängig. Die Schildkröte muß ständig sauber und warm gehalten und korrekt ernährt werden, da die Heilung sonst nur langsam oder gar nicht voranschreitet. Injektionen sollten generell in den unteren Bereich der Vorderbeine gegeben werden, denn das Blut aus den hinteren Körperteilen wird direkt durch die Nieren geleitet, wo die Antibiotika teilweise ausgefiltert werden. Die wirksamsten Antibiotika für Landschildkröten gehen mit einer leichten Nierenvergiftung einher; bei magersüchtigen Landschildkröten sind die Nebenwirkungen jedoch oft schlimmer.

Abszesse

Eine für lange Zeit unbehandelte Infektion wird manchmal zu einem Abszess. Am häufigsten entstehen sie im Ohr, sie können sich jedoch auch an anderen Stellen bilden. Oftmals bleibt ein Abszess lange Zeit unbemerkt obwohl eine asymmetrische Schwellung an der Kopfseite recht eindeutig ist. Abszesse sollten chirurgisch entfernt werden. Unbehandelt wachsen sie recht langsam, doch greift die Infektion schließlich das Immunsystem des Tieres an. Es kommt zu einer Blutvergiftung und kurz darauf zu einem Todesfall.

Innenparasiten (Würmer)

Alle Landschildkröten leiden unter Wurmbefall und sollten deshalb von Zeit zu Zeit entwurmt werden. Wie oft eine Wurmkur durchgeführt werden muß, hängt von den Haltungsbedingungen ab. Im Einzelnen wird eine häufigere Behandlung erforderlich wenn:

1) Landschildkröten in Gruppen gehalten werden; je größer die Gruppe, desto häufiger muß entwurmt werden.

2) Bei Haltung auf kleiner Fläche; je kleiner das Platzangebot, desto größer die Ansteckungsgefahr.

3) Wenn die Unterbringungen unregelmäßig gereinigt werden - kommen Urin und Kot mit Futter in Kontakt, werden die Innenparasiten von infizierten auf nicht infizierte Tiere übertragen.

4) Wenn Landschildkröten schlecht fressen; bei einer unregelmäßigen Verdauung haben die Wurmeier mehr Zeit zum Schlüpfen und der Befall breitet sich schneller aus.

Der Verfasser empfiehlt Wurmkuren bei in Gruppen und unter Platzmangel gehaltenen Schildkröten einmal jährlich, und bei einzeln, auf großen Flächen gehaltenen Tieren einmal alle drei Jahre. Ein Wurmbefall kann anhand einer Kotprobe festgestellt werden. Der Tierarzt untersucht diese mit dem Mikroskop auf vorhandene Wurmeier. Eine solche Untersuchung ist am zuverlässigsten, wenn die Probe nicht älter als 24 Stunden ist. Das Wurmmittel wird über eine Magensonde verabreicht. Gewöhnlich wird die Prozedur nach drei oder vier Tagen wiederholt, denn der Wirkstoff vernichtet zwar die Würmer, ist aber für die Eier nicht hundertprozentig tödlich. Die zweite Dosis vernichtet dann die frisch geschlüpften Würmer aus diesen Eiern. Heute gibt es aber auch effektivere Mittel, die nur einmal verabreicht werden. Der Verfasser ist zwar der Ansicht, daß die alte Methode eine länger anhaltende Wirkung hat, jedoch sind beide akzeptabel.

Pflegt man eine große Landschildkrötengruppe, ist es von Nutzen, sich mit der Durchführung einer Wurmkur vertraut zu machen, was am besten unter tierärztlicher Aufsicht geschehen sollte. Die richtige Dosierung muß genau errechnet werden. Über das geeignetste Mittel gibt der Tierarzt Auskunft.

Die meisten Innenparasiten können auf diese Weise erfolgreich bekämpft werden. Die große Ausnahme bilden die Geißeltierchen.

Innenparasiten (Geißeltierchen)

Parasitierende Würmer scheinen für eine Landschildkröte so lange kein Problem zu sein, bis der Befall wirklich sehr stark ist. Und selbst dann, vorausgesetzt es befindet sich ansonsten in einem guten Allgemeinzustand, scheint das Tier damit leben zu können. Geißeltierchen sind anders. Sie sind winzig klein, mit dem bloßen Auge nicht erkennbar und potentiell tödlich. Die meisten Innenparasiten ernähren sich vom Darminhalt, Geißeltierchen jedoch zerstören die Darmwände. Ist das geschehen, kann die Schildkröte ihr Futter nicht mehr verdauen, und der Tod ist vorprogrammiert.

Die Symptome für Geißeltierchenbefall sind ein schnell abnehmender Appetit und dunkler, flüssiger Kot. In einem solchen Fall muß sofort eine Kotuntersuchung stattfinden. Geißeltierchen können auch bei einer routinemäßigen Kotuntersuchung entdeckt werden, was jedoch bedeutet, daß bereits viele von ihnen im Darm leben.

Eine Behandlung ist umgehend einzuleiten. Jede Verzögerung bedeutet schwerere innere Schäden und verschlimmert das Problem. Infizierte Tiere müssen sofort separiert und alle vorher beschriebenen Quarantänemaßnahmen ergriffen werden. Besondere Aufmerksamkeit muß auf Futter und Ausscheidungsprodukte gelegt werden. Auch hier werden die entsprechenden Medikamente wieder über eine Magensonde verabreicht. Leider töten einige Medikamente nicht nur die Geißeltierchen, sondern auch die nützlichen Mikroorganismen, die zur Verdauung beitragen. Das heißt, selbst wenn die Parasiten mit nur einer Behandlung abgetötet werden, kann das Tier trotzdem nicht verdauen und ist weiterhin appetitlos. In diesem Fall sollte über einen Katheder zwangsernährt werden. Funktioniert die Verdauung nicht richtig, halten die Durchfallerscheinungen an, die Farbe ist aber generell heller. Ist die Schädigung durch die Geißeltierchen sehr schwerwiegend, zeigt der Kot die gleiche Farbe wie das Futter - grün. In diesem Fall werden dem Schlauchfutter 5 ml nicht pasteurisierter Naturjoghurt beigemengt, der die Neubildung von Mikroorganismen im Darm anregt. Eine Verabreichung ist ausreichend. Sauberkeit ist nun das oberste Gebot, und der Kontakt mit jedem anderen Krankheitserreger muß unbedingt vermieden werden. Das Immunsystem der Schildkröte ist während dieser Zeit erheblich geschwächt, und Folgeinfektionen treten häufig auf.

Vorbeugung

Geißeltierchen leben natürlicherweise im Darm aller Landschildkröten, jedoch ist ihre Anzahl gewöhnlich kontrolliert. Probleme treten nur dann auf, wenn sie sich explosionsar-

Die regelmäßige Sichtkontrolle und eine Gewichtsüberprüfung mit Eintragung des Gewichtes in eine Tabelle sind gute Möglichkeiten, um die Gesundheit und Entwicklung der Schildkröte zu überwachen. Gerade die Gewichtskontrolle ist von großer Bedeutung. Foto B. Kahl.

tig vermehren können. Dazu kommt es, wenn warme, gesunde, hungrige Landschildkröten auf zu engem Raum bei unzureichender Hygiene gehalten werden und dadurch das Futter mit Urin und Kot verschmutzt wird. Dem Verfasser wurde einmal vorgeschlagen, Landschildkröten bei Temperaturen unter den optimalen Werten zu halten; dadurch würde der Appetit reduziert, das kontaminierte Futter nicht gefressen und das Problem gar nicht erst entstehen. Wenngleich hierin eine gewisse Logik liegt, bewirkt es doch im Grunde nur,

daß so ein Problem durch ein anderes ersetzt wird. Es kann auch nicht sein, daß man absichtlich einen schlechten Allgemeinzustand provoziert. Die richtige Lösung muß einfach eine bessere Hygiene und mehr Platz für die Tiere sein.

Schnupfen

Hierbei handelt es sich um eine häufig auftretende Infektion des Nasaltraktes. Die Symptome sind eine klare, wäßrige, manchmal blasenbildende Sekretabsonderung aus den

Nasenlöchern und gelegentliches Niesen. Unbehandelt kann sich der Zustand verbessern, dann wieder verschlechtern. Er kann sich aber auch ausbreiten, das Atmungssystem und letztlich die Lungen angreifen, also in eine Lungenentzündung ausarten. Greift die Krankheit auf das Atmungssystem über, wird die Atmung erst hörbar und dann geräuschvoll.

Noch vor kurzem galt dieser Zustand als unheilbar, und viele Landschildkröten starben im letzten Stadium an Lungenentzündung. Es gab eine ganze Reihe von Vermutungen über die Ursache der Krankheit, die von Luftfeuchte und Temperatur über Pollen bis hin zu Staub als Auslöser reichten. Diese Vermutungen entstanden aus der Tatsache, daß Pfleger nach einer Behandlung immer wieder Rückschläge bemerkten und weil die Erkrankung im Frühstadium nicht auf Antibiotika reagiert. Eine weitere Bestätigung für ihre Mutmaßungen fanden die Pfleger darin, daß Versuche, die möglichen Erreger aus der Sekretabsonderung zu isolieren und die darin gefundenen Mikroorganismen zu kultivieren, erfolglos waren. Heute weiß man, daß Schnupfen eine extrem ansteckende Krankheit ist. Das Wiederauftreten von Symptomen nach der Behandlung beruht auf einer erneuten Ansteckung aus der Umgebung. Aber auch jetzt noch sind die eigentlichen Erreger und der wirkliche Krankheitsverlauf nicht mit Sicherheit bekannt. Allerdings hat man inzwischen effektive Behandlungsmethoden gefunden. Eine mögliche Erklärung für die Wirkungslosigkeit von Antibiotikainjektionen kann der Umstand sein, daß die verantwortlichen Mikroorganismen in den Schleimhäuten leben und daher keinen direkten Kontakt mit dem Blutkreislauf haben.

Weiß man erst einmal was vorgeht, ist die Behandlung recht einfach. Man träufelt mittels einer Spritze und eines dünnen Schlauches eine kleine Menge einer Antibiotikalösung in die Nasenlöcher. Diese Prozedur wiederholt man drei- bis viermal täglich innerhalb von sieben Tagen. Sind die Symptome bereits abgeklungen, reicht auch eine zweitägige Behandlung aus. Es ist ebenfalls möglich, das Medikament über das Maul zu verabreichen. Hierfür wird der Kopf vorgezogen, das Maul geöffnet, die Lösung eingeflößt und der Kopf gleichzeitig wieder losgelassen, so daß das Tier ihn sofort wieder einzieht, wodurch die Lösung aus dem Maul in die Nase gepreßt wird. Das ist einfacher als es klingt, erfordert allerdings ein gutes Timing. Manchmal erweisen sich die auslösenden Mikroorganismen als resistent gegen ein bestimmtes Mittel und müssen mit einer Alternative bekämpft werden. Im Normalfall ist jedoch die Art und Konzentration des verwendeten Antibiotikums nebensächlich. Versuche bei O. Jackson und anderen Anwendern zeigten, daß dieses Vorgehen die größte Wirkung bei der Behandlung hat.

Das Zuvorgesagte ist allerdings nur der halbe Weg zur Heilung. Wenn nicht ganz extreme Vorkehrungen getroffen werden, infiziert sich das Tier erneut an seiner Umgebung. Strengste Hygienemaßnahmen müssen für mindestens zwei weitere Wochen nach Abklingen aller Symptome beibehalten werden. Hat man die Seuche erst einmal im Haus, erfordert es eine Menge harter Arbeit und desinfizierender Maßnahmen, um sie wieder loszuwerden.

Lungenentzündung

Lungenentzündung oder Pneumonie äußert sich in Symptomen wie allgemeiner Lethargie, Appetitlosigkeit und vorallem durch geräuschvolles Atmen. Die Krankheit endet unbehandelt tödlich. Jeder vom Verfasser beobachtete Fall war eine Folge von Schnupfen oder einer anderen, schwächenden Krankheit.

Lungenentzündung kann durch angemessene Antibiotikainjektionen geheilt werden. Werden bei einer Landschildkröte laute Atemgeräusche bemerkt, muß das Tier sofort zu einem Tierarzt gebracht werden.

Maulinfektionen

Das Maul einer Landschildkröte sollte nicht nur beim Verdacht auf Erkrankungen untersucht, sondern routinemäßig von Zeit zu Zeit überprüft werden. Die Innenseite des Maules ist mit einer ungeschützten Schleimhautmembrane bedeckt. Die Form des Maules und der Zunge einer Schildkröte unterscheiden sich deutlich von der des Menschen, Färbung und Struktur sind aber ähnlich.

Die Durchblutung hängt bei einer Schildkröte von der Körpertemperatur ab. Beträgt diese 30°C, zeigen Zunge und Maulinnenraum ein kräftiges, gesundes Rosa. Ist die Schildkröte kalt, verlangsamt sich die Blutzirkulation, und die Farbe ändert sich. Sie wird zu einem Pergamentton um die Maulränder, der sich in Extremfällen bis auf die Zungenmitte ausbreitet.

Zeigt sich diese Färbung jedoch bei einem warmen Tier, ist Vorsicht geboten. Dieser Effekt kann bei zahlreichen Krankheiten und Mangelerscheinungen auftreten. Es muß sorg-

Die regelmäßige Untersuchung des Schildkröten-maules auf Maulfäule gehört zu den Aufgaben eines gewissenhaften Pflegers. Foto B. Kahl.

fältig auf andere Symptome geachtet, und die Haltungs- und Ernährungsbedingungen müssen überprüft werden. Im Zweifelsfall ist ein Tierarzt aufzusuchen.

Selbst das kleinste unbehandelte Problem im Maul führt zu Appetitlosigkeit und begünstigt so Folgeprobleme wie Magersucht und Unterernährung. In solchen Fällen muß umgehend reagiert werden. Die Möglichkeit für Maulinfektionen ist bei Tieren, die vorübergehend zwangsernährt werden, besonders hoch. Erstens arbeitet das Immunsystem des Tieres in dieser Zeit nicht einwandfrei, und zweitens können Bakterien mit Futter und Katheder ins Maul gelangen.

Eine gewöhnliche Maulinfektion macht sich auch durch klebrigen Speichel bemerkbar, der den Unterkiefer bedeckt. Öffnet das Tier sein Maul, zieht der Speichel Fäden. Hier ist die Behandlung einfach. Man spült das Maul zweimal täglich mit einer antiseptischen Lösung aus und setzt diese Behandlung nach Abklingen der Symptome noch für weitere zwei Tage fort. Antiseptische Mundspülmittel, die besser und länger an der Maulschleimhaut haften, sind offensichtlich wirksamer. Betadin oder ähnliche Mittel in Salbenform sind ebenfalls bestens geeignet. Wird dieser Zustand nicht behandelt, kann die Infektion auf Augen und Ohren übergreifen und sich letztlich über das Atmungssystem zu einer Lungenentzündung ausweiten.

Maulfäule

Maulfäule ist der allgemeine Begriff für eine Vielzahl von bakteriellen Erkrankungen, Virus- und Pilzinfektionen, die alle den Maulinnenraum befallen. Die Symptome richten sich nach Art und Schwere der Erkrankung. Jedoch ist das Vorhandensein einer Infektion für einen erfahrenen Landschildkrötenpfleger deutlich erkennbar, wenn er den Maulinnenraum seines Tieres genau betrachtet. Alle Formen der Maulfäule sind extrem lebensbedrohend, lassen sich aber durch geeignete Behandlungen heilen. Das Problem hierbei liegt in der richtigen Diagnose des Erregers und der passenden Behandlung. Zum Besuch eines Tierarztes gibt es in diesen Fällen keine Alternative.

Augen

Für Augenschädigungen gibt es zwei Ursachen - Frost und Infektionen. Gesunde Schildkrötenaugen sind glatt, rund und wirken wie glänzendes, schwarzes Glas. Bei infizierten Augen schwillt das Umfeld gewöhnlich an, schließt das Auge teilweise oder ganz, und oftmals kommt es zu Sekretabsonderungen.

Frostschäden lassen sich meistens an kleinen, teilweise leicht verfärbten Partien um das Auge oder auf der Augenoberfläche erkennen. Um diese entdecken zu können, muß man entweder über geeignete optische Instrumente verfügen, oder man geht nach draußen, stellt sich mit dem Rücken zur die Sonne und hält das Tier hoch, so daß die Sonne in seine Augen scheint. Die kleinen Unregelmäßigkeiten auf dem Auge werden dann sichtbar.

Wenn eine Landschildkröte nicht richtig sehen kann, hat sie beim Auffinden von Futter Probleme, verliert oft die Orientierung und bewegt sich in engen Kreisen um sich selbst. Diese Desorientierung wurde manchmal fälschlich als mentales Problem diagnostiziert. Obwohl ein solches im Einzelfall vielleicht nicht auszuschließen ist, ist der Verfasser bis jetzt noch keinem "mentalen" Problem begegnet, das sich nicht bei genauer Untersuchung als etwas anderes entpuppte.

Augeninfektionen können grundlegend mit den gleichen Medikamenten und Methoden wie für Säugetiere erfolgreich behandelt werden. Rechtzeitig versorgt, kommt es zu einer völligen Heilung; lange Zeit ignorierte Infektionen können jedoch zu Dauerschäden führen. Erstaunlicherweise sind Schildkröten zu etwas fähig, was der Mensch nicht kann. Vorausgesetzt sie befinden sich in gutem Zustand, sind warm und erhalten eine an Vitamin A reiche Diät, wird sich das geschädigte Auge regenerieren. Das trifft sowohl auf Frost-als auch auf Infektionsschäden zu.

Die einfachste Versorgungsmöglichkeit mit Vitamin A sind die zahlreichen Vitaminmixturen für Kinder, die gewöhnlich aus Säften bestehen, von denen man ein bis zwei Tropfen auf das Futter geben kann. Hierbei ist Vorsicht angeraten, denn Vitamin A kann schnell überdosiert werden, weshalb es anstatt und nicht als Ergänzung zu den bereits erwähnten Multivitamingaben benutzt werden sollte.

Eine eingeschränkte Sehfähigkeit kann oft völlig, Blindheit manchmal teilweise geheilt werden. Eine völlige Ausheilung einer Erblindung ist normalerweise nicht möglich. Hat sich ein Tier mit beeinträchtigter Sehfähigkeit dahingehend trainiert, sich mehr auf seinen Geruchssinn zu verlassen, kann eine bemerkenswerte Wiederherstellung seiner Fähigkeiten festgestellt werden. Ist der Schaden durch Frost entstanden, müssen die Überwinterungsbedingungen überprüft und korrigiert werden.

Bei der Fütterung von blinden oder in der Sehfähigkeit beeinträchtigen Landschildkröten sollte die Nahrung nicht von der Hand, sondern in einer großen weißen Schüssel angeboten werden, die um 45° angekippt wird. So kann das Futter nicht hinausfallen, und der Duft konzentriert sich auf eine leicht auffindbare Stelle. Die Schale muß immer an genau derselben Stelle stehen. Viele sehbehinderte oder auch völlig blinde Schildkröten lernen auf diese Weise, wieder selbständig zu fressen.

Trächtigkeitsprobleme

Beim aufmerksamen Lesen des Kapitels über Zucht sollte deutlich geworden sein, daß ein Landschildkrötenweibchen sehr wohl trächtig sein kann, ohne in den letzten Jahren einem Männchen begegnet zu sein. Es sollte ebenfalls auf die möglichen Gefahren einer paarweisen Haltung hingewiesen haben, wenn keine Eiablagemöglichkeiten verfügbar sind. Die einzige Möglichkeit zur Verhinderung einer Trächtigkeit ist die, das Weibchen niemals in Kontakt mit einem Männchen kommen zu lassen und alle Eier aus vorangegangenen Paarungen zu entfernen. Man läßt vorzugsweise im späten Frühjahr oder Frühsommer Röntgenaufnahmen von dem Tier machen. Zeigen sich dabei Eier im Körper, läßt man deren Ablage zwangsläufig einleiten. Diese Prozedur wird jedes Jahr so lange wiederholt, bis für mindestens drei Jahre keine neue

Eibildung stattgefunden hat. Ein zugegebenermaßen großer Aufwand, und fünf oder sechs Jahre größter Geduld können innerhalb von zwei Minuten zunichte gemacht werden, wenn ein gesundes Männchen nur die kleinste Chance bekommt. Trägt ein Weibchen völlig entwickelte Eier im Körper, sind diese grundlegend ohne Leben und verursachen - außer einem reduzierten Appetit - keine weiteren Probleme. Gelegentlich kann es aber zu schwerwiegenden bis tödlichen Resultaten kommen, wenn das Weibchen diese überlagerten Eier ablegen will oder eines der Eier verdirbt. In vielen Fällen heißt die Entscheidung also nicht Vorbeugung oder Heilung, sondern Vorbeugung oder Tod.

Sind die Hinterbeine eines scheinbar gesunden Weibchens plötzlich nicht mehr fähig, den hinteren Panzer zu tragen, und das Tier zeigt Unbehagen, muß es sofort einem Tierarzt vorgestellt werden. Es darf nicht eine Minute verschwendet werden, und der Besitzer kann nur hoffen, daß Hilfe noch rechtzeitig kommt. In einem solchen Fall ist der sofortige Eingriff eines Spezialisten lebenswichtig.

Probleme treten häufig auf, wenn ein trächtiges Weibchen unter Kalziummangel leidet; Komplikationen durch Vitaminmangel sind hingegen seltener. In solchen Fällen versucht das Weibchen zu legen, aber die Muskelkontraktionen sind nicht stark genug, um die Eier auszutreiben. Manchmal werden auch unbeschalte Eier gelegt. Das geschieht meistens, ohne daß ein Nest ausgehoben wurde. Manchmal verlassen solche Eier den Körper unbeschädigt, manchmal aber auch zerdrückt und mit Urin oder Kot vermischt. Hier müssen die Kalziumgaben unbedingt erhöht werden. In akuten Fällen kann das durch eine Mischung aus Futter und Kalksteinmehl, pulverisierter Sepiaschale oder veterinärmedizinischem Kolloid-Kalzium, durch einen Katheder verabreicht, geschehen.

Langzeitprobleme

Werden Landschildkröten über viele Jahre unter Bedingungen gehalten, die ihnen ein natürliches Verhalten nicht ermöglichen, treten Langzeitprobleme auf. Gelegentlich können diese bereits recht schwerwiegend sein, bevor sie der Pfleger bemerkt, denn ihre Entwicklung verläuft typischerweise sehr langsam.

Solche Fälle sind manchmal schwer zu diagnostizieren, denn die meisten der so gehaltenen Landschildkröten leiden gleichzeitig an mehreren Problemen.

Mangelerscheinungen

Vitamin-, Mineral- und Spurenelementemangel sind besonders schwierig zu erkennen. Dem Verfasser sind keine entsprechenden Forschungsarbeiten in Bezug auf Landschildkröten bekannt. Normalerweise ist aber auch kein Detailwissen darüber erforderlich. Erhält das Tier eine Diät, die mit Vitamin- und Mineralstoffpräparaten für Reptilien angereichert ist, sollten die meisten Probleme dadurch behoben werden. Man beachte, daß Vitamininjektionen nur selten effektiv sind.

Nierenschäden

Wenn eine nur geringfügig unkorrekte Haltungstemperatur über mehr als 10 Jahre beibehalten wird, läßt die Funktionsfähigkeit der Nieren stetig nach, und es kommt letztendlich zu Nierenversagen. Wenn das geschieht, ist die Blutversorgung der Hinterbeine und des Schwanzes auf ein Minimum reduziert. Dadurch verlieren die Hinterbeine ihre Bewegungsfähigkeit, und das Tier zieht sich mit den Vorderbeinen vorwärts. Aus offensichtlichen Gründen geht das meistens mit Magersucht einher. Es kann leicht herausgefunden werden, daß diese Erscheinung nichts mit einer Störung des zentralen Nervensystems zu tun hat. Man braucht nur die Fußunterseite eines Hinterbeines zu berühren, und das Tier wird das scheinbar leblose Bein zurückzuziehen versuchen.

Da der Blutkreislauf direkt durch die Nieren führt und auch die Genitalien versorgt, führt jede beeinträchtigte Nierenfunktion auch zu einem reduzierten Sexualverhalten und teilweiser oder völliger Impotenz.

Die Behandlung ist hier genau die gleiche wie bei Magersucht, allerdings kann die Heilung in einigen Fällen um vieles länger dauern.

Leberschäden

Erhalten Landschildkröten eine zu proteinhaltige Ernährung oder werden mit Milchprodukten gefüttert, entstehen Leberschäden. Das Hauptsymptom dabei ist Magersucht, die sich jedoch anders als normal äußert. Das Tier verliert kein Gewicht und bleibt aktiv oder wird manchmal sogar hyperaktiv.

Dieser Zustand wird zunächst durch eine Kathederfütterung und dann durch eine normale und proteinarme Ernährung korrigiert. Anabolische Steroidinjektionen durch einen Tier-

arzt tragen zur schnelleren Geweberegeneration bei. Ohne verbesserte Haltungsbedingungen wird allerdings jede Behandlung sinnlos sein.

Für diese Art von Problemen gibt es keine Wundermittel. Generell ist es stattdessen notwendig, eine sofortige und drastische Verbesserung der Haltungsbedingungen durchzuführen. Bis diese Verbesserungen Wirkung zeigen, muß das Tier durch Zwangsernährung am Leben erhalten werden. Halbherzige Verbesserungen reichen hier nicht aus.

Wenn Langzeitprobleme bereits einen zu großen Schaden an den inneren Organen angerichtet haben, gibt es keine Rettung mehr. Wartet man aber nicht zu lange, ist gewillt, die erforderlichen Veränderungen und die damit verbundene Arbeit auf sich zu nehmen und diese dann auch beizubehalten, ist es erstaunlich, wieviel man dadurch erreichen kann.

Bluttests

Das Blut von Landschildkröten kann ebenso wie das von Menschen und anderen Säugetieren untersucht werden. Die Proben sind allerdings schwieriger zu entnehmen und können leichter kontaminiert werden. Die Blutentnahme bereitet den Tieren natürlich etwas Unbehagen, und verläßliche Daten über Durchschnittswerte und was als Normalwert gilt sind häufig nicht verfügbar. Deshalb sind Blutuntersuchungen bei Schildkröten eher selten. Sie können allerdings bei einigen schwer zu diagnostizierenden Fällen und für die Forschung hilfreich sein. Deshalb zeigt der Verfasser im Folgenden die Ergebnisse von Blutuntersuchungen, die bei neun aktiven und gesunden *Testudo graeca* im Sommer vorgenommen wurden.

Bei einer magersüchtigen Landschildkröte kann die Harnsäurekonzentration auf das Zwei- bis Dreifache und Harnstoffgehalt im Blut auf das Zwei- bis Dreihundertfache ansteigen.

Bevor eine Blutprobe entnommen wird, muß das Tier gründlich gewaschen werden, um eine Kontamination der Probe zu verhindern. An den Gliedmaßen des Tieres dürfen keinerlei Urinspuren vorhanden sein, da diese das Ergebnis des Tests verfälschen würden. Blutentnahmen von den vorderen Gliedmaßen können im Ergebnis von Proben aus den hinteren differieren, besonders wenn die Nierenfunktion beeinträchtigt ist. Eine Blutentnahme an einem kalten Tier kann

Bluttests

Test	Durchschnitt	Maximum	Kommentar
Harnstoff (µmol/l)	1.8	2.6	Hauptanzeiger der Nierenfunktion
Harnsäure (µmol/l)	599	965	
ALT (IE/l)	8.0	21.2	Hauptanzeiger der Leberfunktion
AST (IE/l)	251	517	
Protein (g/l)	65.8	84.9	

fehlschlagen, denn durch den herabgesetzten Herzschlag ist auch der Blutdruck sehr niedrig.

Immunsystem

Landschildkröten, die nur unter halbwegs optimalen Bedingungen leben, wachsen langsamer. Dies ist jedoch nicht der einzige Effekt: das Immunsystem des Tieres wird langsam, aber stetig schwächer. Bei einer Einzelhaltung unter akzeptablen hygienischen Zuständen scheint das geschwächte Immunsystem dem Tier keine Probleme zu bereiten. Das kann sich jedoch schnell ändern, wenn das Tier beispielsweise umziehen muß und ganz besonders, wenn es dann mit anderen vergesellschaftet wird. Die Schildkröte wird nun einer Vielzahl von Krankheitserregern ausgesetzt, die sich rasend schnell ausbreiten können. Todesfälle sind hierbei leider nur allzu häufig die Folge.

Erwirbt man eine Landschildkröte aus einer solchen Haltung, sollte man die Wachstumsringe genau untersuchen und versuchen, vom Vorbesitzer möglichst viel über die Vergangenheit des Tieres zu erfahren. Man sollte sich einen Eindruck davon verschaffen, ob das Tier für sein Alter zu klein oder zu groß ist. Ist es zu klein, ist das Immunsystem höchstwahrscheinlich geschwächt. Es wird zwei bis drei Jahre guter Haltungsbedingungen benötigen, um dieses Problem zu überwinden. Während dieser Zeit muß alles getan werden, um das Tier vor möglichen Krankheiten zu schützen. Solche Landschildkröten werden am besten einzeln gehalten. Ganz besonders muß das Tier vor dem Kontakt mit an Schnupfen erkrankten Tieren bewahrt werden. Diese Infektion wäre in diesem Fall nur schwer heilbar und könnte sich schnell zu einer Lungenentzündung ausweiten.

Auch die kleinste Wunde sollte umgehend behandelt werden, denn jede Verzögerung könnte zu einer Blutvergiftung und damit zum Tode führen.

Hygiene ist hier das A und O. Das kleinste Krankheitsanzeichen verlangt in dieser Zeit sofortige tierärztliche Hilfe.

Wird auf all diese Dinge geachtet und werden die grundlegenden Haltungsbedingungen erfüllt, wird das Tier anfangen, in normalem Tempo zu wachsen, und auch das Immunsystem wird seine Effektivität zurückerlangen.

DAS GESETZ

In den verschiedenen Teilen Europas gibt es unterschiedliche Gesetze, die auch den Landschildkrötenpfleger betreffen. So sind Landschildkröten - und damit natürlich auch die Europäischen Landschildkröten - nicht nur nach dem Deutschen Bundesartenschutzgesetz, sondern auch durch das Europäische Recht (EG-Bestimmungen) geschützt. Es gibt darüberhinaus auch noch andere Bundes- und Landesgesetze, die sich mit dem Schutz von Tieren befassen. Manche Gesetze sind sich grundlegend ähnlich, unterscheiden sich möglicherweise aber im Detail. In England allein gibt es drei Gesetzesbereiche, die sich auch auf Landschildkröten beziehen. Nach den genauen Bestimmungen muß sich jeder Pfleger in seinem Heimatort erkundigen, zumal sich diese auch noch häufig ändern oder durch andere ersetzt werden. So soll dieses Kapitel kein Auszug aus einem bestimmten Gesetzbuch sein, sondern lediglich allgemeine Grundinformationen liefern.

Grausamkeit

Gesetze gegen die Grausamkeit an Tieren gibt es in Europa schon seit vielen Jahren. Sie werden heute mehr denn je ernst genommen, und Verstöße können mit hohen Strafen belegt werden. Unter den Begriff Grausamkeit fällt dabei nicht nur das unsachgemäße oder unbegründete Töten von Tieren, sondern auch deren nicht artgerechte Haltung. Das heißt, daß ein Pfleger angezeigt werden kann, wenn er seine 50 Landschildkröten in einem Gehege oder Behälter von einem Quadratmeter Grundfläche hält, sie als Fußball benutzt oder nicht füttert und verhungern läßt. Allerdings muß man auch sagen, daß die Begriffsauslegung recht dehnbar ist und viel von der persönlichen Einstellung des Betrachters abhängt. Manchmal wird ein Pfleger, der für seine Tiere nur das Beste will einer Grausamkeit bezichtigt, einzig weil sein Nachbar aus Unkenntnis eine erforderliche Maßnahme als Untat versteht. Es treten aber auch gegensätzliche Fälle auf, wo eine tatsächliche Grausamkeit an einem Tier begangen wird und der Gesetzesvertreter große Probleme hat, diese zu beweisen.

In den Augen des Verfassers (und Übersetzers) gelten die folgenden Handlungen als grausam:

1) Das Bohren von Löchern in den Carapax. Es verursacht dem Tier Schmerzen und schafft freie Bahn für Infektionen unter dem schützenden Carapax.

2) Das Anbinden von Schildkröten mittels eines Loches im Panzer oder an einem der Beine. Selbst noch nach zehn Jahren wird das Tier sich zu befreien versuchen und sich dabei schwere Verletzungen zuziehen.

3) Die Haltung auf zu kleinem Raum und/oder unter ungeeigneten Bedingungen.

4) Unzureichende oder gar keine Temperaturkontrollen speziell in der Winterruhe, so daß die Tiere Frostschäden davontragen (erblinden).

5) Die gemeinsame Haltung mit Hunden. Wie bereits erläutert, kann dies zu schweren Verletzungen führen. Man hält auch keine Kanarienvögel mit Katzen zusammen in einem Käfig.

6) Alle Handlungen, die Gesundheit, Wachstum und natürliche Verhaltensweisen negativ beeinflussen.

7) Einem kranken Tier eine tierärztliche Behandlung zu verweigern.

Ob diese Punkte in einem Gerichtsprozeß berücksichtigt werden würden, ist ungewiß. Wie gesagt, Grausamkeit ist ein dehnbarer Begriff.

Haltung und Handel

Hierzu existiert ein internationales Abkommen mit dem Namen CITES (Convention on Trade in Endangered Species), in welchem sich die Unterzeichnerstaaten verpflichtet haben, Gesetze zur Kontrolle des Handels mit gefährdeten Tieren und Pflanzen zu erlassen. *Testudo graeca* gehört offiziell zu diesen Tieren. Somit ist der Besitz und Handel von und mit solchen geschützten Tieren und Pflanzen, ob tot oder lebend, ohne ausdrückliche Genehmigungen (CITES-Papiere) strengstens verboten. Dies bezieht sich dabei nicht nur auf das Tier oder die Pflanze im Ganzen, sondern auch auf Teile oder Produkte, die aus ihnen hergestellt wurden. Das Genehmigungsverfahren für Anträge auf Haltung oder Handel mit solchen gefährdeten Arten wird in beinahe jedem Staat und häufig auch von Bundesland zu Bundesland unterschiedlich gehandhabt.

Oftmals dauert der Amtsweg recht lange, und manchmal wird ein solcher Antrag abgelehnt. Unter den Pflegern von Landschildkröten und anderen Reptilien herrscht deshalb eine weitverbreitete Frustration. Oftmals wird der Eindruck erweckt, daß ein Händler keine Probleme bei der Beschaffung seiner Papiere hat, der einzelne Pfleger aber hart und

Das Internationale Cites-Abkommen regelt den Schutz der Europäischen Landschildkröten und verantwortungsvolle Liebhaber richten sich selbstverständlich bei Handel und Zucht nach diesen Richtlinien. Testudo hermanni.
Foto B. Kahl.

bisweilen vergebens um die Erlaubnis zur Haltung eines Pärchens Landschildkröten kämpfen muß. Da es leider auch unter den Reptilienpflegern schwarze Schafe gibt, ist es für den Gesetzgeber nicht einfach, zwischen Schwarz und Weiß zu unterscheiden. Die Freud' des Einen kann hier das Leid eines anderen sein. Wer deshalb meint, er fährt besser damit, den ganzen Behörden- und Papierkram zu umgehen und sich lieber auf die illegale Seite schlägt, der lacht nur so lange, bis er erwischt wird. Es sind nicht nur die empfindlichen Geld-

oder sogar Gefängnisstrafen, die einen erwarten. Viel schlimmer ist dabei die Tatsache, daß Tiere oftmals beschlagnahmt werden und die Behörden dann nicht wissen, wohin mit ihnen. Zoologische Gärten sind meistens nicht interessiert oder leiden unter Platzmagel, und in die Natur können die Tiere nicht zurückgebracht werden. Wer also schon nicht an seinen Geldbeutel und seine eigene Zukunft denkt, sollte wenigstens über das Schicksal solcher Tiere nachdenken.

DIE DATENSAMMLUNG

Es ist mathematisch nachvollziehbar, daß wenn eine Landschildkröte gleichmäßig in Form und Umfang wächst, das Verhältnis von Körpergewicht zu Carapaxlänge gleich bleibt. Bei einer Gewichtsangabe in Gramm und einer Länge in Zentimetern sollte der Durchschnittswert einer gesunden adulten *Testudo graeca* 0,22 betragen.

Es ist nicht immer einfach festzustellen, ob eine Schildkröte mager oder fett ist, weshalb diese Rechenformel ausgesprochen nützlich ist. Die Längenangabe ergibt sich aus der Messung in einer geraden Linie (Stockmaß) über den Carapax vom Nuchal- zum Supracaudalschild. Manchmal überragt der Bauchpanzer den des Rückens, wobei dann die gerade Linie vom Supracaudalschild des Carapax zum Gularschild des Plastron gemessen wird. In jedem Fall muß die Messung auf den Millimeter genau sein.

Solche Messungen sollten regelmäßig durchgeführt und aufgezeichnet werden. Das Gewicht einer gesunden, gut gepflegten Landschildkröte hält sich an einen Jahreszyklus. Während der Winterruhe sollte es in kaum merklichem Maße sinken. In den ersten drei Wochen nach der Winterruhe sollte es wieder rapide ansteigen. Nach diesen drei Wochen kommt es dann zu einem ungefähren Gleichgewicht zwischen Nahrungskonsum und Ausscheidungen, wodurch eine langsame, stetige Gewichtszunahme während des Sommers stattfindet. Drei bis vier Wochen vor der nächsten Winterruhe stoppt die Nahrungsaufnahme, der Darm wird entleert und das Gewicht sinkt schnell.

Vergleicht man eine Gewichtsmessung mit einer, die zum gleichen Zeitpunkt ein Jahr vorher vorgenommen wurde, sollte eine Gewichtszunahme erkennbar sein. Diesen Gewichtsunterschied beeinflussende Faktoren wurden bereits im entsprechenden Kapitel behandelt. Generell wachsen die meisten in Norden Mitteleuropas lebenden Landschildkröten zu langsam, weil sie zu kalt gehalten werden. Die meisten Jungschildkröten wachsen hingegen zu schnell, weil sie zu proteinreich ernährt werden.

Wenn eine Landschildkröte schlecht frißt, sinkt das Gewicht durch den Verbrauch von Fettreserven, wobei der Carapax aber nicht schrumpft. Das heißt, das G/L-Verhältnis verändert sich.

Werden Landschildkröten die meiste Zeit ihres Lebens kalziumarm ernährt, wachsen die Carapaxschilder pyramidenartig. Dadurch beansprucht der Carapax zusätzlichen Raum zum Wachsen, der der Körpermasse verloren geht, wodurch es wieder zu einem Abfall des G/L- Verhältnisses kommt.

Ein adult importiertes Tier, das sowohl zu wenig Kalzium als auch gleichzeitig zuviel Proteine erhält, legt zwar an Körperfülle zu, der Carapax wächst aber nicht mit. Große Fettablagerungen, speziell im Schulterbereich, machen ein vollständiges Einziehen der Beine und des Kopfes in den Panzer unmöglich. Hier steigt das G/L-Verhältnis.

Eine gesunde Landschildkröte hat ein hohes G/L-Verhältnis, wirkt aber trotzdem schlank, ist aufgeweckt und aktiv und kann ihre Gliedmaßen problemlos in den Panzer einziehen.

Wenn alle Daten jedes Tieres aufgezeichnet werden, können diese erstaunlich nützlich sein. Beispielsweise äußern sich die meisten Erkrankungen bei Landschildkröten durch mangelnden Appetit. Dies bleibt bisweilen eine ganze Zeitlang unbemerkt, speziell wenn das Tier in einer Gruppe lebt. Der daraus resultierende Gewichtsverlust kann durch diese Aufzeichnungen festgestellt werden, auch wenn keine anderen Symptome erkennbar sind. Dadurch kann eine frühzeitige Behandlung und/oder Isolierung vorgenommen werden.

Weiß der Pfleger, daß eines seiner Weibchen trächtig ist, hat aber keine Zeit zu beobachten, wann die Ablage stattfindet, verrät ihm beim täglichen Wiegen ein plötzlicher Gewichtsverlust von 150 g, daß die Eier gelegt worden sind.

Beim Schlupf sind die Plastren der Jungtiere gefaltet, so daß die Länge im Vergleich mit dem Gewicht kurz ist. Das führt zu einem hohen G/L-Verhältniswert. Die Jungtiere entwickeln aus ihrer plumpen Form nur langsam das stromlinienförmige Erscheinungsbild der Adulti. Das wird durch das G/L-Verhältnis wiedergespiegelt, das sich stetig dem niedrigeren Wert der Alttiere nähert, bis die Tiere im Alter von fünf oder sechs Jahren geschlechtsreif werden - gute Pflege vorausgesetzt.

Zusätzlich zu Größen- und Gewichtsaufzeichnungen sind auch alle anderen Daten von Wichtigkeit. So können beispielsweise die Abstände zwischen Wurmkuren besser kontrolliert werden, denn auch hier ist ein Zuviel eher von Nachteil. Oder man kann feststellen, daß eine Krankheit aus dem vergangenen Jahr wieder ausgebrochen ist und ob eine spezielle Behandlung in der Vergangenheit erfolgreich war oder Mit der Hilfe dieser Daten kann man seine Haltungsbedingungen kontinuierlich verbessern.

DIE UNTERBRINGUNG

Unterbringung eines Einzeltieres

Der Verfasser kennt viele Pfleger, die bei der Haltung einer Landschildkröte ohne einen "Gefährten" ein schlechtes Gewissen haben. Dabei spricht eigentlich nichts gegen die Einzelhaltung. Sie ist sogar als ausgesprochen gerechtfertigt zu bezeichnen und in jedem Fall besser, als das Tier mit einem unpassenden Partner zu vergesellschaften. Landschildkröten sind einzeln lebende, sehr territorial veranlagte Tiere. Versuche zeigen, daß ein, seinem gewohnten Lebensraum entnommenes Tier generell verunsichert ist und wenig frißt, wohingegen ein Exemplar, das von seinem Partner getrennt wird, dieses problemlos hinnimmt und sogar mehr frißt. Natürlich gibt es unter den Tieren individuelle Vorlieben und Verhalten, aber sind diese deshalb mit Begriffen wie "unglücklich" oder "glücklich" gleichzusetzen? Wer dem Verfasser nicht glauben will, kann diese Versuche selbst durchführen und sich von der grundsätzlichen Richtigkeit der Aussage überzeugen.

Während des nordeuropäischen Sommers ist es kaum möglich, eine Landschildkröte ausschließlich im Freiland wirklich gesund und fit zu erhalten. Bei der Haltung in einem Vivarium im Haus ist dies viel einfacher. Ist dieses Vivarium jedoch nicht ausgesprochen groß und optimal ausgestattet, entwickeln sich dabei gewöhnlich unnatürliche Verhaltensmuster, und das Ganze entfernt sich erheblich von einer artgerechten Haltung - auch hier mag jeder seine persönliche Ansicht haben.

Der Verfasser ist der Meinung, daß beides, Freiland- und Zimmerhaltung kombiniert, zu einem optimalen Ergebnis führen. So kann das Tier je nach Witterung von einem in das andere Gehege gebracht werden, was allerdings auch in Arbeit ausarten kann. Deshalb bevorzugt der Verfasser eine Pflege, bei der die Tiere selbst entscheiden können, ob sie lieber drinnen oder draußen sein möchten.

Die Freilandhaltung

Die Größe des Geheges sollte so weiträumig wie möglich sein, also am besten den ganzen Garten umfassen. Es ist dabei stets besser, anstatt der Tiere die Pflanzen einzuzäunen, die man vor dem Appetit der Schildkröten schützen möchte. Eine Gehegeeinzäunung ist aus folgenden Gründen unangebracht:

1) Landschildkröten mögen das Eingesperrtsein nicht und werden sich bei Ausbruchsversuchen an normalen Zauneinfassungen verletzen.

2) Erkrankte Tiere verbreiten die Infektionserreger in ihrem Umfeld und infizieren sich beim Fressen immer wieder aufs Neue. Je kleiner das Gehege, umso schneller treten Krankheiten auf, breiten sich aus und sind umso schwieriger zu kurieren.

3) Landschildkröten sind für Vitamin- und Spurenelementemangel ausgesprochen anfällig. Je größer das Platzangebot und je vielgestaltiger die Futterpflanzenauswahl dadurch ist, desto seltener kommt es zu solchen Problemen.

4) Wenn der Standort des Geheges und die Konstruktion nicht sehr sorgfältig ausgewählt wurden, ist es unwahrscheinlich, die wirklich besten Sonnen- und Versteckplätze bieten zu können. Eine Landschildkröte wird den besten Platz nur finden, wenn sie gesund ist und die Möglichkeit zum Suchen hat.

5) Platzmangel führt gewöhnlich zu unnatürlichen Verhaltensweisen.

Einzäunung

Die Einzäunung muß ausbruchsicher sein. Entlaufene Landschildkröten werden nur selten wiedergefunden und können ohne menschliche Hilfe in nördlichen Klimaten nicht überleben. Für ein solches Tier ist ein gelungener Ausbruch ein Todesurteil.

Steinmauer - Das ist die beste Methode. Sie sollte vorzugsweise aus Back- oder Naturstein bestehen und mindestens 45 cm hoch sein. Bei einer Höhe von nur 30 cm muß sie einen nach innen gerichteten Überhang haben. Steinmauern sind dabei nicht nur Ausbruchsbarrieren, sondern speichern und reflektieren auch Sonnenwärme und verbessern dadurch die Möglichkeiten zur Wärmeaufnahme für die Tiere. Solche oder andere Steinmauern dürfen nicht mit Kletterpflanzen bewachsen sein - diese können beim Überklettern helfen. Die Winkel der Ecken dürfen nicht weniger als 90° betragen, denn einige Landschildkröten können in spitzen Winkeln mit der "Kaminsteigermethode" hinaufklettern.

Holzzaun - Ist nicht so gut geeignet, denn die Bodenkante bereitet immer Probleme. Findet das Tier dort einen Spalt, zwängt es sich hindurch. Schließt der Zaun ohne Zwischenraum mit dem Boden ab, beginnt er zu verrotten, und die Schildkröte kann sich durch das vermoderte Holz nach draußen drücken. Eine Möglichkeit ist, Plastikgitter an den

Holzunterkanten zu befestigen und diese 10 bis 15 cm tief einzugraben. Die Einzäunung muß regelmäßig überprüft und nötigenfalls sofort repariert werden.

Hecke - Ist völlig ungeeignet.

Maschendrahtzaun - Ein solcher allein ist aus drei Gründen nicht ausreichend.

1. gesunde Landschildkröten können klettern.

2. es werden Unfälle verursacht.

3. kann eine Landschildkröte durch die Einzäunung hindurchsehen, wird sie auch versuchen, diese zu überwinden. Muß Maschendrahtzaun verwendet werden, sollten zusätzlich Plastikplatten benutzt werden, damit der Zaun undurchsichtig und unüberkletterbar wird. Welche Methode auch immer zum Einsatz kommt, es darf nie vergessen werden, daß wo immer eine menschliche Faust mit viel Kraft hindurchpaßt auch eine gesunde Landschildkröte ihren Weg ins Freie findet.

Gehegezugang - Dieser sollte in zweierlei Hinsicht schildkrötensicher sein. Zum einen sollte er sich selbst schließen, und zum anderen sollten Steckbretter den Durchgang einrahmen. So kann der Pfleger beim Öffnen der Tür über die Steckbretter steigen, oder sie können herausgenommen werden, wenn beispielsweise eine Schubkarre im Gehege gebraucht wird. Die Versuche des Verfassers haben gezeigt, daß diese Methode erforderlich ist, besonders wenn Kinder Zugang zum Gehege haben. Ungeschützte Zugänge fördern das Ausbrechen und Unfälle.

Pflanzen - Das Gehege sollte soviel Sonnenstrahlung wie möglich einfangen. Die Nordseite sollte mit hohen Pflanzen bestückt sein und, ist das Platzangebot groß genug, ebenfalls die Ost- und Westseite. Einige schützende Strauchgewächse sind angebracht. Lavendel und Koniferen sind beliebt, denn der Boden unter ihnen ist normalerweise trocken. Andererseits spielt die Auswahl der Strauchgewächse keine große Rolle. Ein Stückchen kargen Bodens sollte dem Wuchs von Unkräutern dienen, welche von Zeit zu Zeit abgeschnitten und ausgerupft werden, um die Kargheit des Bodens zu erhalten. So wird der Wuchs von Unkräutern gefördert, die von Landschildkröten gerne gefressen werden.

Auf ähnliche Weise kann ein unkrautdurchzogener Rasen entstehen. Der Rasen wird im Frühjahr geschnitten und die Schnittreste entfernt. Löwenzahn beginnt zu wachsen. Danach wird der Rasen so lange nicht mehr geschnitten, bis der Löwenzahn geblüht und seine Samen verteilt hat. Dann wird die Wiese erneut gemäht und das Gemähte entfernt. Der selbe Vorgang wird für den Wuchs von Klee wiederholt. Es darf kein Düngemittel benutzt werden. Gras hat kurze Wurzeln und wächst am besten, wenn die obersten 5 cm des Bodens fruchtbar sind. Das beschriebene Vorgehen reduziert die Fruchtbarkeit und macht den Unkräutern den Wachstumswettlauf mit dem Gras einfacher.

Es dürfen natürlich keine Unkrautvertilger oder Insektizide verwendet werden; sie sind alle giftig und für die Tiere gefährlich.

Erde - Leichte, trockene Kalksteinerde ist am besten geeignet. Landschildkröten dürfen nicht auf wasserdurchnäßtem Boden gehalten werden.

Einrichtung - Landschildkröten klettern und erforschen gerne, weshalb ein Felsen ein interessantes und brauchbares Gestaltungsobjekt ist.

Unfälle - Gegen potentiell gefährliche Einrichtungen wie Gartenteiche oder Steintreppen müssen geeignete Maßnahmen ergriffen werden.

Innenhaltung

Hierfür kann ein Gartenschuppen, eine Garage oder ein Werkzeugschuppen benutzt werden. Es sollten Schlafplätze für die Nacht und ein thermostatgesteuerter Wärmestrahler für den Tag vorhanden sein. Zeitweilig kann ein Raumheizer erforderlich sein. Elektrische Wärmeerzeugung ist die beste, denn sie ist sauber und kontrollierbar leider aber auch teuer. Es kann auch ein Öl- oder Gasheizer benutzt werden, allerdings muß dann unbedingt für eine ausreichende Be- und Entlüftung gesorgt werden, denn diese Heizer setzen für Mensch und Tier gefährliche Gase frei. Ein Wärmestrahler ist im Frühjahr besonders hilfreich und für die Behandlung kranker Tiere unverzichtbar. Der Boden dieses Raumes muß leicht sauberzuhalten und zu desinfizieren sein. Hier gibt es zwei einfache Möglichkeiten.

Man bedeckt den Boden mit Rindenmulch. Ist dieser dann verschmutzt, wird er in den Garten geschaufelt. Diese Methode kann etwas teuer sein und bei eingeschleppten Infektionskrankheiten ziemliche Probleme bereiten - eine hundertprozentige Hygiene ist hier nicht ganz einfach. Man benötigt eine Futterschale oder ein Futterblech, das man abdecken kann, damit die Tiere nicht auf noch eßbares Fut-

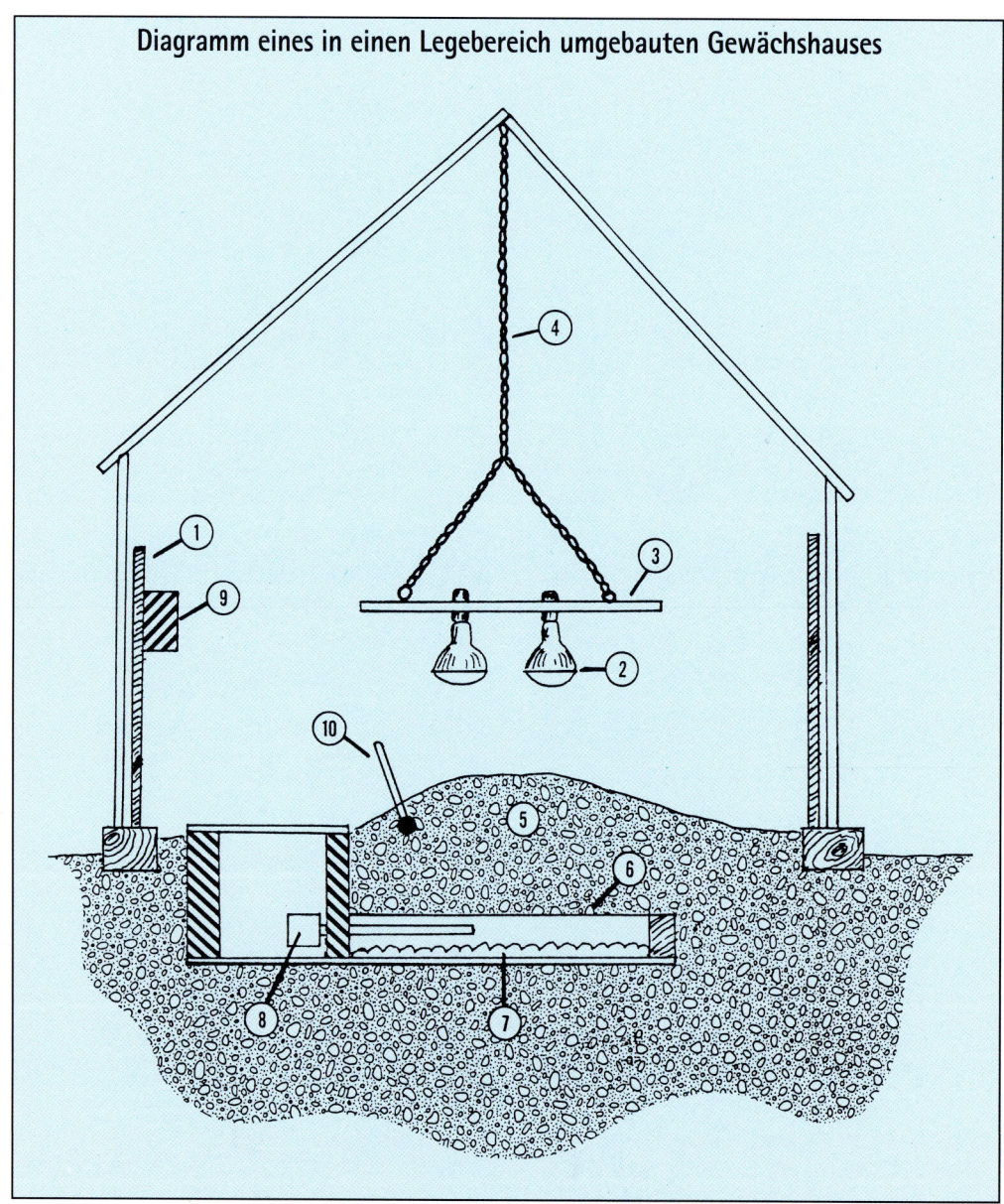

Diagramm eines in einen Legebereich umgebauten Gewächshauses

1. Preßspanplatten zur Verhinderung von Störungen während der Eiablage. 2. Heiz- und Licht-reflektorlampe mit schmalem Strahlungswinkel. 3. Sonnenabschattung, um Temperaturverän-derungen zu verhindern. 4. Verstellbare Kette, damit der Lampenabstand verändert und eine Oberflächentemperatur von 30°C erreicht werden kann. 5. Mischung aus Erde und Torf. 6. Metall-kiste, 60 x 120 cm. 7. Der Bodenheizer ist während der gesamten Legeperiode eingeschaltet. 8. Thermostat zur Haltung einer Substrattemperatur von 27° bis 30°C. 9. Zeitschaltuhr zum Einschalten der Lampen während der Tagesstunden. 10. Thermometer. Keine Heizquelle darf ohne Thermometer betrieben werden.

ter urinieren. Solche Futterbehälter kann man in Zoos sehen. Eine andere Möglichkeit ist das Überziehen des Bodens mit einer Polyäthylenschicht (im Baubedarfshandel erhältlich), die dann mit Zeitungspapier ausgelegt wird. Diese Alternative ist allerdings nicht gerade attraktiv, dafür jedoch nicht sehr arbeitsintensiv und hygienisch.

In jedem Fall müssen Kot und Urin täglich entfernt und der Raum so sauber und keimfrei wie möglich gehalten werden.

Unterbringung einer Gruppe von Weibchen

Das ist generell kein Problem. Weibchen gewöhnen sich gut an das Teilen ihres Lebensraumes innerhalb einer Gruppe. Ein Neuankömmling wird in einer eingelebten Gruppe manchmal von den "Alten" recht hart behandelt, besonders wenn er sich nicht in bestem Zustand befindet. Es ist deshalb hilfreich, eine separate, mit allem Notwendigen ausgestattete Unterbringung zu haben, wo ein solches Tier oder ein krankes oder verletztes gepflegt werden kann. Das kann auch zur Verhinderung von Neuansteckungen bei Wurmkuren oder einfach als Unterbringung bei Reinigungsarbeiten nützlich sein.

Unterbringung einer Gruppe von Männchen

Territorial-, Hierarchie- und Sexualverhalten können bei gesunden Männchen sehr stark ausgeprägt sein, und das daraus resultierende anti-soziale Verhalten kann große Probleme aufwerfen. Es gibt mehrere Wege, das zu verhindern.

1) Man hält die Gruppe genau wie für Weibchen beschrieben, sorgt aber für nur annähernd optimale Gesundheit, Fitness und/oder Körpertemperatur. Sicherlich hält das niemand für den besten Weg, oder? Diese Methode wird aber häufig angewandt - natürlich eher durch Nachlässigkeit als wirklich gewollt. Viele Pfleger sagen: "Meine Landschildkröten sitzen glücklich zusammen". Auf Weibchen mag das vielleicht zutreffen, es ist jedoch eher so, daß gesunde, aktive Männchen zwar laufen, rennen, fressen, klettern, sonnenbaden, erkunden, kämpfen und schlafen, aber bestimmt nicht "glücklich zusammensitzen".

2) Das Platzangebot muß dazu ausreichen, daß sich ein unterlegenes Männchen aus dem Territorium eines dominierenden zurückziehen kann. So ist der Zustand in der Natur. Für die meisten Pfleger ist dies jedoch nicht praktizierbar, denn es bedeutet eine eigene Einrichtung für jedes Tier und eine

Unterbringung von nicht mehr als fünf Tieren auf einer Fläche von einem halben Hektar Land!

3) Es müssen getrennte Innen- und Außenplätze für jedes Männchen vorhanden sein. Das ist offensichtlich sehr effektiv, andererseits auch teuer und erfordert etliche Einzäunungen. Es ist eine geeignete Methode für die kommerzielle Zucht, wenn man ein Freund dieser Art von Haltung ist.

4) Man bietet separate wie auch kommunale Plätze, so daß jedes Tier vor einem Angreifer zurückweichen kann. In diesen "Verstecken" benötigen die Tiere einen Schlafplatz, eine Wärmequelle und einen Futterplatz. Unter diesen Bedingungen haben alle Männchen passable Lebensbedingungen, und jegliche Unstimmigkeiten scheinen nur noch von kurzer Dauer und recht selten zu sein. Es ist möglich, mehr als ein Männchen in einem Abschnitt zu halten, vorausgesetzt beide Tiere sind sich bei Kampfaktivitäten ebenbürtig. Hier sind genaue Beobachtungen notwendig. Ernsthafte Kämpfe müssen jedoch vermieden und nötigenfalls die Verbindungen zwischen den Abschnitten geschlossen werden.

Unterbringung von Männchen und Weibchen gleicher Unterarten

Vorausgesetzt das Platzangebot ist ausreichend, das Verhältnis von Weibchen zu Männchen ist mindestens 2:1 (vorzugsweise 4:1), und es sind ausreichende Sonnen- und Eiablageplätze vorhanden, kann eine solche Gruppe gut zusammen gehalten werden und wird sich relativ normal benehmen. Es muß eine Isolationszone vorhanden sein, um ein besonders hartnäckiges Männchen separieren zu können, speziell wenn ein Weibchen ablagebereit ist. Unter solchen Bedingungen sollten die Weibchen jedes Jahr Eier legen, und selbst wenn die Männchen separiert werden, sollten noch für Jahre danach Eiablagen stattfinden. Alle, oder wenigstens fast alle Eier sollten befruchtet sein. Legt ein Weibchen bei dieser Form der Haltung nicht jährlich, ist etwas nicht in Ordnung.

Wenn einer dieser Punkte ignoriert wird, verändert sich das Normalverhalten, und es werden mehr Isolierplätze benötigt, um zu einem normalen Freß-, Sonnenbaden- und Sexualverhalten zurückzukommen. Läßt man anormales Verhalten unbeachtet, beeinträchtigt das die Gesundheit einiger oder sogar aller Landschildkröten in der Gruppe.

Unterbringung von Männchen und Weibchen gleicher Arten, aber verschiedener Unterarten

Werden die gleichen Voraussetzungen wie im vorangegangenen Abschnitt erfüllt, kann eine solche Gruppe gemeinsam gehalten werden. Die meisten Eier werden aber ein Resultat aus Unterartkreuzungen und damit überwiegend unbefruchtet sein. Werden in solch einer Gruppe mehrere Männchen gehalten, wird eines davon dominieren und so alle Weibchen begatten. Weibchen der gleichen Art oder Unterart legen dann befruchtete Eier, die anderen unbefruchtete. Der Grund dafür wurde bereits im entsprechenden Kapitel eingehend erläutert. Obwohl es nicht grundlegend falsch ist, Landschildkröten auf diese Weise zu halten, ist es doch nicht ideal, weil:

1) unterlegene Männchen nicht paaren können und vom dominanten Tier extrem unterdrückt werden,

2) viele Weibchen dem Risiko von Trächtigkeitsproblemen ausgesetzt werden, ohne die Chance auf Jungtiere zu haben,

3) dominante Männchen oft zu viel Zeit und Energie bei Auseinandersetzungen mit anderen Gruppenmitgliedern verbringen und dadurch weniger Zeit zum Fressen und Sonnenbaden aufwenden.

Um diese Probleme in Grenzen zu halten, sind eine ständige Beobachtung und Vorsorgemaßnahmen erforderlich.

Unterbringung unterschiedlicher Geschlechter und Arten

Diese Situation führt gewöhnlich zu Unbehagen, Verhaltensstörungen und Trächtigkeitsproblemen. Der Grad der Probleme hängt von der Zusammensetzung der Komponenten ab. Die schlimmstmögliche Zusammensetzung sind mehrere Testudo graeca-Männchen und ein Testudo hermanni-Weibchen. Diese Konstellation ist in den Augen des Verfassers bereits grausam.

Generelle Hinweise

1) Unterschiedliche Arten getrennt halten.

2) Weibchen als Gruppe in einer Umgebung halten, die sie als ihr Heim betrachten können.

3) Männchen von Weibchen getrennt und Männchen untereinander ebenfalls separiert oder wenigstens trennbar halten.

4) Die Tiere vor einer Paarung genau identifizieren. Keine unpassenden Paarungen zulassen.

5) Man sollte stets Platz und entsprechende Einrichtungsgegenstände für Notfälle in Reserve haben.

Sicherheit

Seit Inkrafttreten der CITES-Vereinbarung (Convention on International Trade in Endangered Species) bestehen Handelsbeschränkungen. Landschildkröten werden aufgrund des verminderten Angebots als wertvoll betrachtet, was sie zu geeignetem Diebesgut macht. Auch auf Kinder haben Schildkröten schon immer eine Faszination ausgeübt. Tatsächlich ist der Diebstahl von Schildkröten aus zwei Gründen reine Dummheit. Erstens, wenn der Dieb das Tier behalten möchte, sind die Überlebenschancen für das Tier sehr gering. Zweitens, wenn der Dieb das Tier verkaufen will, braucht er CITES-Papiere.

Trotzdem möchte der Verfasser allen Pflegern dazu raten, Vorsichtsmaßnahmen gegen Diebstahl zu treffen. Man macht möglichst klare Nahaufnahmen vom Carapax des oder der Tiere und bewahrt diese an einem sicheren Ort auf. Fotografisch belegbare Carapaxeigenheiten sind ebenso sichere Beweismittel wie Fingerabdrücke. Fenster und Türen sind verschlossen zu halten. Moderne elektronische Alarmsysteme sind eine Warnung für Eindringlinge.

ANDERE ARTEN UND LEBENSRÄUME

Im Allgemeinen sind für über den Handel vertriebene Schildkröten, wie auch bei allen anderen Arten von Reptilien und Amphibien, oftmals keine oder nur unzuverlässige Informationen über Artzugehörigkeit, Geschlecht, Ernährung, klimatische Haltungsbedingungen und Herkunftsland in Erfahrung zu bringen.

Dieses Buch hat bis hierher die Probleme bei der Haltung und Überwinterung von Landschildkröten aus dem Mittelmeerraum in Nordeuropa diskutiert. Hält ein Pfleger nun aber eine andere Art von Landschildkröte, lebt in einem anderen Teil der Welt oder beides, dann sollte er nicht gleich verzweifeln - dieses Kapitel ist für ihn bestimmt. Der Verfasser fürchtet, hier nicht die Detailinformationen wie über *Testudo graeca* liefern zu können, denn die ihm verfügbaren experimentellen und zoologischen Informationen über andere Arten sind unzureichend. Aber er kann dazu Stellung nehmen, wie man diese Informationen selbst herausfindet.

Wird man mit einer unbekannten Schildkröte konfrontiert, ist die erste Maßnahme herauszufinden, welcher Art sie angehört. Manchmal ist es auch wichtig, die Unterart zu identifizieren. Meistens wird man zu diesem Zweck einen erfahrenen Freund oder versierten Tierhändler befragen. Unglücklicherweise gibt es aber etwa 350 verschiedene Schildkrötenarten, und es ist nicht selten, daß selbst der erfahrene Freund nach etwa 10 Arten sein Wissen aufgebraucht hat. Der einzig sichere Weg ist der Gebrauch eines guten Bestimmungsbuches. Das Tier neben das Buch gelegt, kann man jedes Merkmal vergleichen. Das derzeit wohl hierfür geeignetste Buch ist wohl "The Encyclopedia of Turtles" von Peter Pritchard, erschienen im T.F.H.-Verlag. Man sollte dafür allerdings der englischen Sprache wenigstens halbwegs mächtig sein. Es dauert gewöhnlich recht lange, bis man sich durch all die verschiedenen Merkmale aller in Frage kommenden Arten durchgearbeitet hat und zu einem Ergebnis kommt. Für das Tier ist es jedoch lebenswichtig, daß man sich nicht irrt, weshalb jeder Zeitaufwand gerechtfertigt ist. Nachdem die Art bestimmt wurde, muß das Herkunftsland ergründet werden. Pritchard nennt gewöhnlich wenigstens einen Fundort jeder Art und gibt auch eine Beschreibung des Biotops und der Ernährung. Mit diesen Angaben als Grundlage führen weitere Nachforschungen normalerweise zu den Verbreitungsgebieten der Tiere. Dazu benötigt man einen oder mehrere Atlanten, die topographische, klimatische und geologische Auskünfte geben sowie Literatur mit Informationen über die Vegetation. Mit diesen Daten kann man die natürlichen Lebensbedingungen eines jeden Tieres zumindest ungefähr ausarbeiten. Am wichtigsten ist dabei, daß man einen Eindruck darüber erhält, wie dieses spezielle Tier das vorgegebene Klima dazu nutzt, dem Jahresverlauf angemessene Körpertemperaturen zu erreichen.

Einige nützliche Hinweise

Gebirgszüge, die im rechten Winkel zu auflandigen Winden stehen, verursachen gewöhnlich verblüffend unterschiedliche Klimate, die aus einem Hang mit Luvwind und einem anderen mit Leewind bestehen. Das heißt, daß eine an einem Hang lebende Landschildkröte am anderen vermutlich nicht leben könnte.

Das Identifizieren von Kalziumquellen ist hilfreich, denn Landschildkröten können sich nicht weit von diesen Resourcen entfernen.

Mit steigender Höhenlage nehmen die Temperaturen ab. Manche Landschildkröten finden ihre Idealtemperaturen auf Meereshöhe, andere in höheren Lagen. Für alle jedoch sind große hohe Gebirgsketten unüberwindbar.

Ein anderer wichtiger Punkt sind die Füße der Tiere. Eine Untersuchung der Bein- und Fußstruktur zeigt normalerweise, ob ein Tier terrestrisch (zylindrische Gliedmaßen), aquatisch (Flossen), semi-aquatisch (mit Schwimmhäuten und Krallen) oder in Sümpfen lebt (vergrößerte Füße).

Hat man die klimatischen Bedingungen des Ursprungsortes seiner Landschildkröte ergründet und auch erkannt, wie sie die dortigen Witterungsverhältnisse zu ihrem Vorteil nutzt, weiß man auch, wie die Pflege in Gefangenschaft aussehen muß. Wie schwierig und teuer das wird, hängt hauptsächlich von den Unterschieden zwischen dem natürlichen Habitat und der Klimazone ab, in der sie künftig gepflegt werden soll. In den USA gibt es in jedem Staat, bis an die kanadische Grenze, Schildkrötenarten, jedoch sind die Landschildkröten auf den südlichen Teile des Landes beschränkt. Wenn also ein amerikanischer Pfleger eine Art aus seinem Staat halten möchte oder ein Bewohner des südlichen Europas eine *Testudo*-Art pflegen will, sollten beide minimale Klimaprobleme zu überwinden haben. Natürlich können diese Pläne immer noch an der jeweiligen Gesetzgebung des betreffenden Staates oder Landes scheitern.

Schwerwiegende Probleme treten immer dann auf, wenn zwischen dem natürlichen Habitat und dem Gebiet der Gefangenschaftshaltung große klimatische Unterschiede herrschen. Wenn man sich entschließt, tropische Regenwald-Schildkröten in Kanada zu pflegen oder solche, die eine Winterruhe benötigen, in Brasilien zu halten, wird man wohl mit ziemlichen Problemen rechnen müssen.

Vorausgesetzt man verfügt über ausreichende Finanzmittel, ein ausgeprägtes Feingefühl und ist nicht arbeitsscheu, können natürlich auch diese Probleme überwunden werden. Es ist beispielsweise möglich, ein beheiztes, thermostatgesteuertes Vivarium zu bauen, in dem konstante Temperaturen von 26 bis 30°C herrschen, das gegen Sonnenlicht abgeschattet ist, eine hohe Luftfeuchtigkeit bietet und damit zur Haltung von tropischen Regenwald-Schildkröten bestens geeignet ist. Ein solches Vivarium muß natürlich sehr groß sein, damit die Tiere ein möglichst natürliches Verhalten zeigen. Es ist teuer in der Herstellung und im Unterhalt, besonders wenn man festgestellt hat, daß die konstant heißen und feuchten Bedingungen ein Alptraum für den Pfleger sind. Sie bieten den geeigneten Nährboden für alle möglichen Pilze und Fäulnißorganismen, und Pilzinfektionen erweisen sich für die zu pflegenden Tiere oftmals als lebensgefährliche Bedrohung.

Riesenschildkröten von tropischen Inseln können außerhalb ihrer natürlichen Lebensräume nahezu unmöglich gehalten werden. Das liegt teilweise an den benötigten hohen Temperaturen und zum anderen daran, daß die Tiere Wind und Wasser für ihre Temperaturkontrolle benutzen. Der Hauptgrund liegt aber in dem enormen Aufwand zur Schaffung von wenigstens annähernd natürlichen Bedingungen, damit ein normales Verhalten gewährleistet ist.

Ein weiterer zu bedenkender Punkt in der Klimafrage ist die jahreszeitlich bedingte Klimaänderung (oder in manchen Fällen eben keine Veränderung über das Jahr). Die meisten Pfleger sind sich der Veränderungen von Sommer/Winter-Temperaturen bewußt und gestalten diese auch korrekt nach. Veränderungen von trocken nach feucht oder photoperiodische Unterschiede innerhalb der Jahreszeiten bleiben jedoch oftmals unberücksichtigt. Für manche Arten sind diese Veränderungen aber lebenswichtig.

Wird eine Landschildkröte aus der südlichen Hemisphäre in die nördliche verbracht oder umgekehrt, kann die Verschiebung der Jahreszeiten zu großen Problemen führen. Besonders die Zucht wird davon so lange beeinflußt, bis sich das Tier akklimatisiert hat. Es ist wichtig zu wissen, daß es wohl möglich ist, Landschildkröten an eine klimatische Zeitverschiebung zu gewöhnen, die Umgewöhnung auf andere Klimate aber unmöglich ist.

Der nächste zu bedenkende Punkt ist die Erhaltung natürlicher Verhaltensmuster. Möchte sich das Tier über Nacht oder zur Winterruhe eingraben (wie *Testudo graeca* das tut), dann muß dem mit einer entsprechenden Einrichtung entsprochen werden. Gräbt das Tier richtige Tunnel, müssen geeignete Flächen zum Graben geschaffen werden. Benutzt die Schildkröte von anderen Tieren gegrabene Tunnel, muß der Pfleger solche für sie graben. Einige Landschildkröten haben ungewöhnliche und unerwartete Bedürfnisse. So zum Beispiel versteckt sich die Spaltenschildkröte (*Malacochersus*) in Felsspalten, wo sie sich mit Plastron und Carapax so verkeilt, daß Feinde sie nicht mehr herausziehen können.

Die Gelenkschildkröte (*Kinixys*) kommt aus den tropischen Regenwaldgebieten, wo Flüsse oft schnellfließend sind und steile Ufer haben. So versorgt sie sich mit Flüssigkeit, indem sie Regenwasser aus den Rinnen ihres Carapax direkt in ihr Maul laufen läßt.

Die Ernährungsansprüche variieren von Art zu Art. Manche amerikanischen Arten verändern ihre Freßgewohnheiten mit dem Alter, so daß Verallgemeinerungen auf diesem Gebiet unsinnig sind. Viele Pfleger tendieren immer noch dazu, ihre Landschildkröten mit einer Diät zu ernähren, die für den menschlichen Organismus besser geeignet ist als für den des Tieres. Das heißt, zu wenig Ballaststoffe, zu viele Proteine und viel zu wenig Kalzium. Darüber sollte sorgfältig nachgedacht werden. Das Wachstum einer Landschildkröte, die Entwicklung der Körpermasse und der Carapaxwuchs muß im Auge behalten werden. Bei jeder negativen Veränderung muß die Ernährung erneut überdacht und verändert werden.

Man darf nichts für selbstverständlich halten, sondern muß immer versuchen, so viel wie möglich über die zu pflegende Art in Erfahrung zu bringen.